Impressum
Verlag: BABADADA GmbH, Nedderfeld 112 , 22529 Hamburg
Geschäftsführer / Verlagsleitung: Harald Hof
Druck: Books on Demand GmbH, In de Tarpen 42, 22848 Norderstedt

Imprint
Publisher: BABADADA GmbH, Nedderfeld 112 , 22529 Hamburg, Germany
Managing Director / Publishing direction: Harald Hof
Print: Books on Demand GmbH, In de Tarpen 42, 22848 Norderstedt

Šola
σχολείο

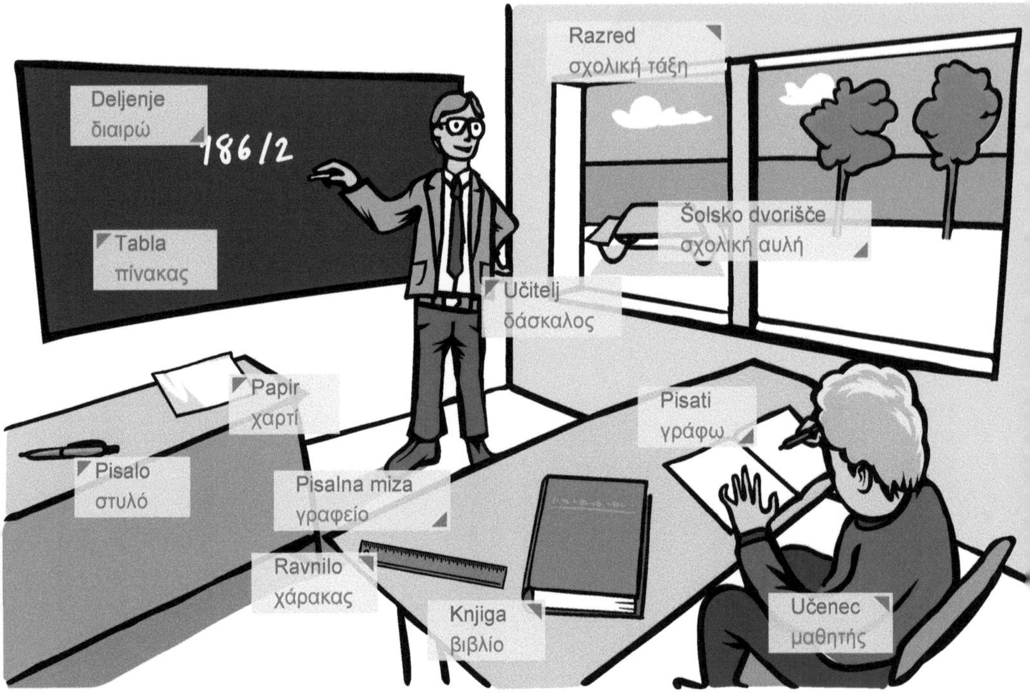
Razred
σχολική τάξη
Deljenje
διαιρώ
186/2
Tabla
πίνακας
Šolsko dvorišče
σχολική αυλή
Učitelj
δάσκαλος
Papir
χαρτί
Pisati
γράφω
Pisalo
στυλό
Pisalna miza
γραφείο
Ravnilo
χάρακας
Knjiga
βιβλίο
Učenec
μαθητής

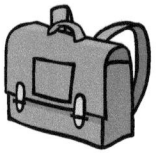

Šolska torba

σχολική τσάντα

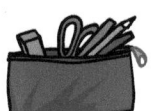

Peresnica

κασετίνα/ μολυβοθήκη

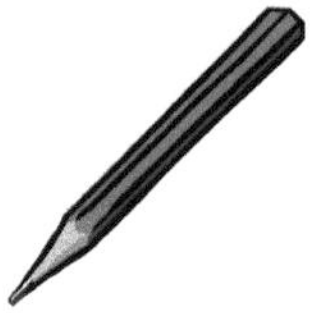

Svinčnik

μολύβι

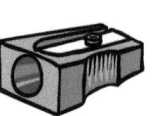

Šilček

ξύστρα

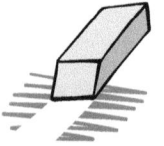

Radirka

γόμα

Risalni blok

μπλοκ ζωγραφικής

Risba

ζωγραφική

Čopič

πινέλο

Vodene barvice

κουτί χρωμάτων

Škarje

ψαλίδι

Lepilo

κόλλα

Zvezek

τετράδιο ασκήσεων

Domača naloga

εργασία για το σπίτι

12

Število

αριθμός

2+2

Seštevanje

προσθέτω

5-2

Odštevanje

αφαιρώ

2×2

Množenje

πολλαπλασιάζω

Računanje

υπολογίζω

A

Črka

γράμμα

ABCDEFG HIJKLMN OPQRSTU VWXYZ

Abeceda

αλφάβητο

hello

Beseda

λέξη

Besedilo

κείμενο

Brati

διαβάζω

Kreda

κιμωλία

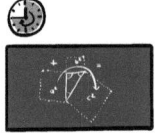

Učna ura

μάθημα

Redovalnica

εγγράφομαι

Preizkus znanja

τεστ

Spričevalo

πιστοποιητικό

Šolska uniforma

μαθητική στολή

Izobrazba

εκπαίδευση

Enciklopedija

εγκυκλοπαίδεια

Univerza

πανεπιστήμιο

Mikroskop

μικροσκόπιο

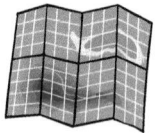

Zemljevid

χάρτης

Koš za smeti

καλάθι αχρήστων

Potovanje
ταξίδι

Hotel
ξενοδοχείο
Grand
Hostel
ξενώνας
ROOMS
Menjalnica
ανταλλακτήρια συναλλάγματος
Kovček
βαλίτσα
Avtomobil
αυτοκίνητο

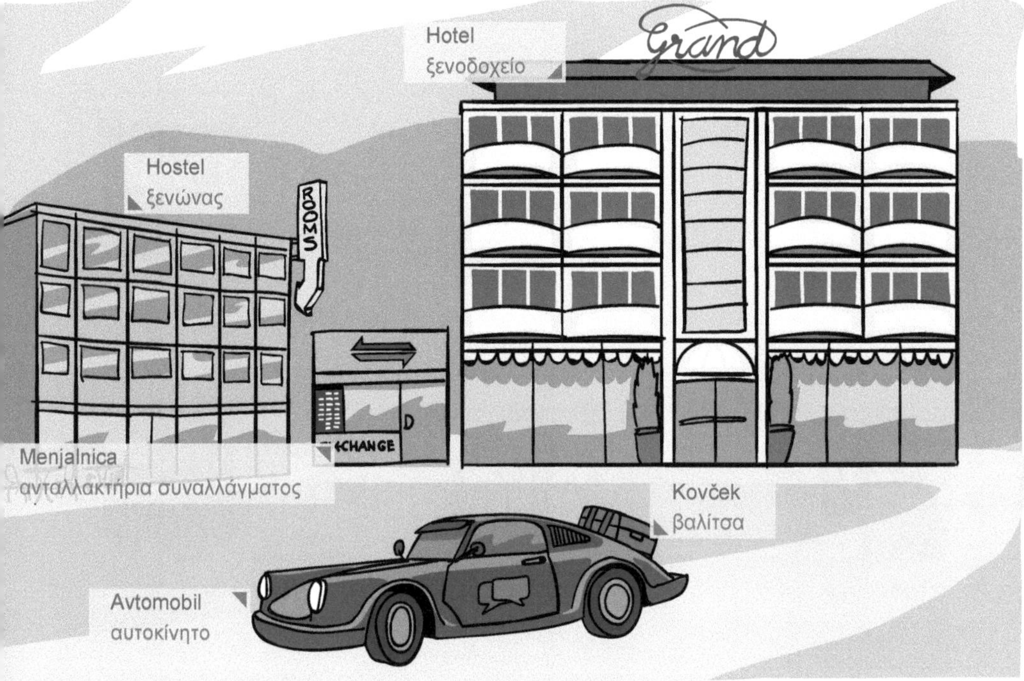

Jezik

γλώσσα

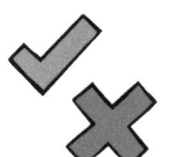

da / ne

ναι / όχι

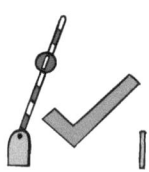

Prav

εντάξει

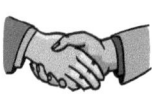

Pozdravljeni

γεια σου

Prevajalec

μεταφραστής

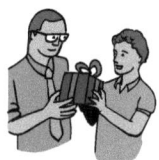

Hvala

Ευχαριστώ

Koliko stane...?

πόσο κάνει ;

Ne razumem

Δε καταλαβαίνω

Težava

πρόβλημα

Dober večer!

Καλησπέρα!

Dobro jutro!

Καλημέρα!

Lahko noč!

Καληνύχτα!

Nasvidenje

Αντίο

Smer

κατεύθυνση

Prtljaga

αποσκευές

Torba

τσάντα

Nahrbtnik

σακίδιο πλάτης

Gost

καλεσμένος

Soba

δωμάτιο

Spalna vreča

υπνόσακος

Šotor

σκηνή

Turistične informacije

τουριστικές πληροφορίες

Plaža

παραλία

Kreditna kartica

πιστωτική κάρτα

Zajtrk

πρωινό

Kosilo

μεσημεριανό

Večerja

δείπνο

Vozovnica

εισιτήριο

Dvigalo

ανελκυστήρας

Znamka

γραμματόσημο

Meja

σύνορα

Carina

τελωνείο

Veleposlaništvo

πρεσβεία

Vizum

βίζα

Potni list

διαβατήριο

Prevoz

μεταφορά

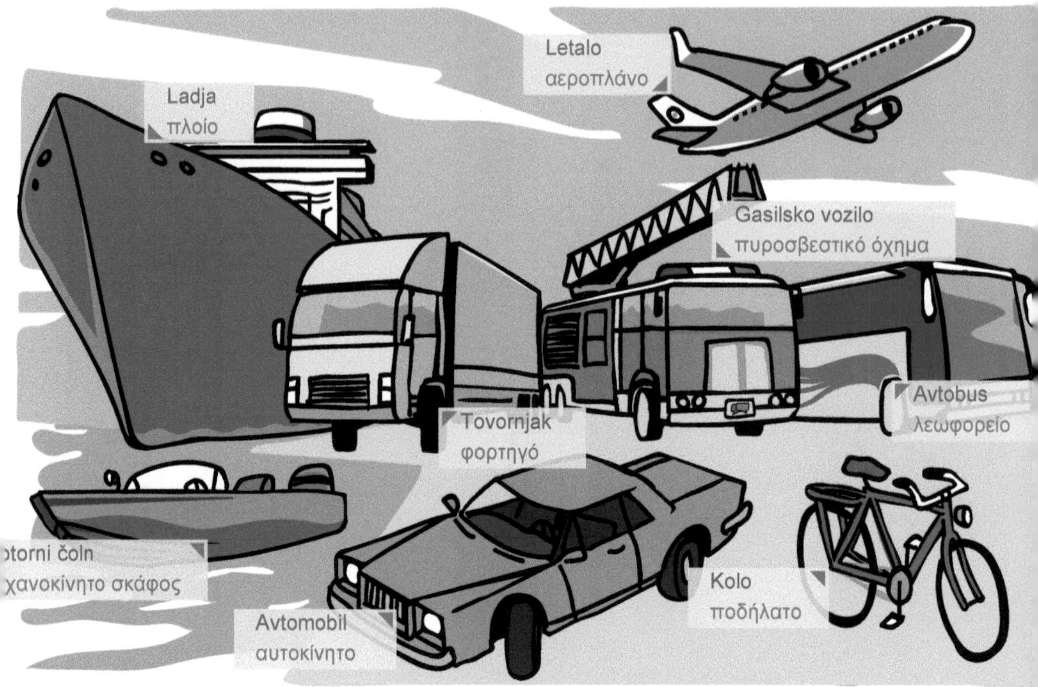

Letalo
αεροπλάνο
Ladja
πλοίο
Gasilsko vozilo
πυροσβεστικό όχημα
Avtobus
λεωφορείο
Tovornjak
φορτηγό
torni čoln
χανοκίνητο σκάφος
Kolo
ποδήλατο
Avtomobil
αυτοκίνητο

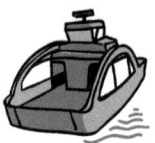

Trajekt

φεριμπότ

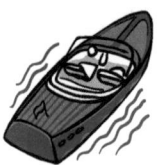

Čoln

βάρκα

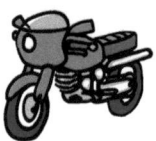

Motorno kolo

μοτοσικλέτα

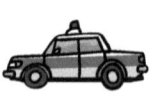

Policijski avto

περιπολικό

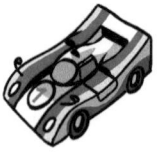

Dirkalni avto

αγωνιστικό αυτοκίνητο

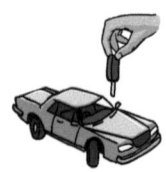

Najeto vozilo

ενοικιαζόμενο αυτοκίνητο

Souporaba avtomobila

διαμοιρασμός αυτοκινήτων

Avtovleka

γερανός

Smetarsko vozilo

απορριμματοφόρο

Motor

κινητήρας

Gorivo

καύσιμο

Bencinska postaja

βενζινάδικο

Prometni znak

πινακίδα σήμανσης

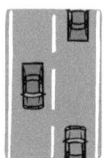

Promet

κυκλοφορία

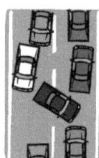

Zastoj

κυκλοφοριακή συμφόρηση

Parkirišče

χώρος στάθμευσης

Železniška postaja

σιδηροδρομικός σταθμός

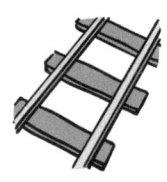

Tirnice

σιδηροδρομικές γραμμές

Vlak

τρένο

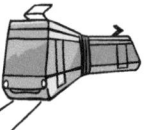

Tramvaj

τραμ

Vagon

βαγόνι

Helikopter

ελικόπτερο

Letališče

αεροδρόμιο

Stolp

πύργος

Potnik

επιβάτης

Kontejner

εμπορευματοκιβώτιο

Karton

χαρτοκιβώτιο

Voziček

καρότσι

Košara

καλάθι

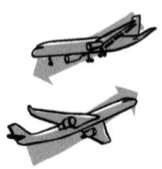

vzleteti / pristati

απογειώνομαι /
προσγειόνομαι

Mesto
πόλη

Vas

χωριό

Mestno jedro

κέντρο της πόλης

Hiša

σπίτι

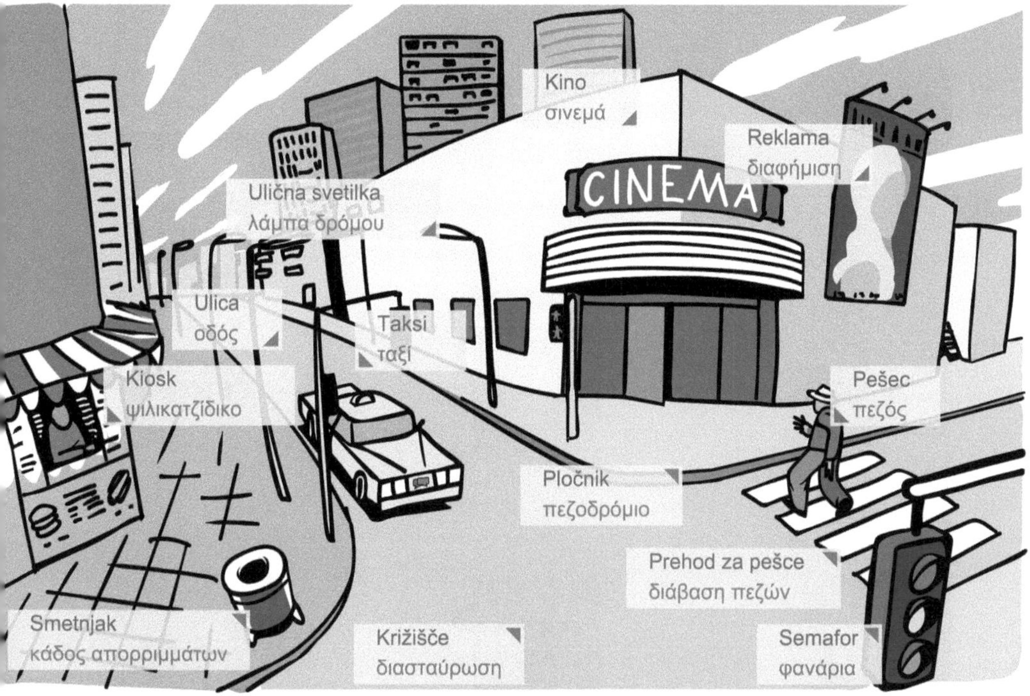

Kino
σινεμά

Reklama
διαφήμιση

Ulična svetilka
λάμπα δρόμου

CINEMA

Ulica
οδός

Taksi
ταξί

Pešec
πεζός

Kiosk
ψιλικατζίδικο

Pločnik
πεζοδρόμιο

Prehod za pešce
διάβαση πεζών

Smetnjak
κάδος απορριμμάτων

Križišče
διασταύρωση

Semafor
φανάρια

Koča

καλύβα

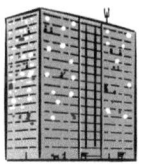

Stanovanje

διαμέρισμα

Železniška postaja

σιδηροδρομικός σταθμός

Mestna hiša

δημαρχείο

Muzej

μουσείο

Šola

σχολείο

Univerza

πανεπιστήμιο

Banka

τράπεζα

Bolnišnica

νοσοκομείο

Hotel

ξενοδοχείο

Lekarna

φαρμακείο

Pisarna

γραφείο

Knjigarna

βιβλιοπωλείο

Trgovina

κατάστημα

Cvetličarna

ανθοπωλείο

Supermarket

σούπερ μάρκετ

Tržnica

αγορά

Veleblagovnica

πολυκατάστημα

Ribarnica

ιχθυοπωλείο

Nakupovalno središče

εμπορικό κέντρο

Pristanišče

λιμάνι

Park

πάρκο

Klop

παγκάκι

Most

γέφυρα

Stopnice

σκάλες

Podzemna železnica

μετρό

Predor

τούνελ

Avtobusno postajališče

στάση λεωφορείου

Bar

μπαρ

Restavracija

εστιατόριο

Poštni nabiralnik

γραμματοκιβώτιο

Ulična tabla

πινακίδα δρόμου

Parkirna ura

παρκόμετρο

Živalski vrt

ζωολογικός κήπος

Kopališče

πισίνα

Mošeja

τζαμί

Kmetija

αγρόκτημα

Onesnaževanje

ρύπανση

Pokopališče

νεκροταφείο

Cerkev

εκκλησία

Otroško igrišče

παιδική χαρά

Tempelj

ναός

Pokrajina
τοπίο

List
φύλλο

Kažipot
πινακίδα κατεύθυνσης

Pot
δρόμος

Travnik
λιβάδι

Kamen
πέτρα

Pohodnik
πεζοπόρος

Drevo
δέντρο

Reka
ποτάμι

Trava
χορτάρι

Cvetlica
λουλούδι

Dolina

κοιλάδα

Hrib

λόφος

Jezero

λίμνη

Gozd

δάσος

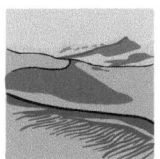

Puščava

έρημος

Vulkan

ηφαίστειο

Grad

κάστρο

Mavrica

ουράνιο τόξο

Goba

μανιτάρι

Palma

φοίνικας

Komar

κουνούπι

Muha

μύγα

Mravlja

μυρμήγκι

Čebela

μέλισσα

Pajek

αράχνη

Hrošč

σκαθάρι

Žaba

βάτραχος

Veverica

σκίουρος

Jež

σκαντζόχοιρος

Zajec

λαγός

Sova

κουκουβάγια

Ptič

πουλί

Labod

κύκνος

Divji prašič

αγριογούρουνο

Jelen

ελάφι

Los

άλκη

Jez

φράγμα

Vetrnica

ανεμογεννήτρια

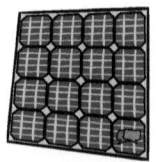

Solarna plošča

ηλιακός συλλέκτης

Podnebje

κλίμα

Restavracija

εστιατόριο

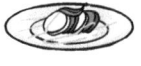

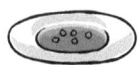

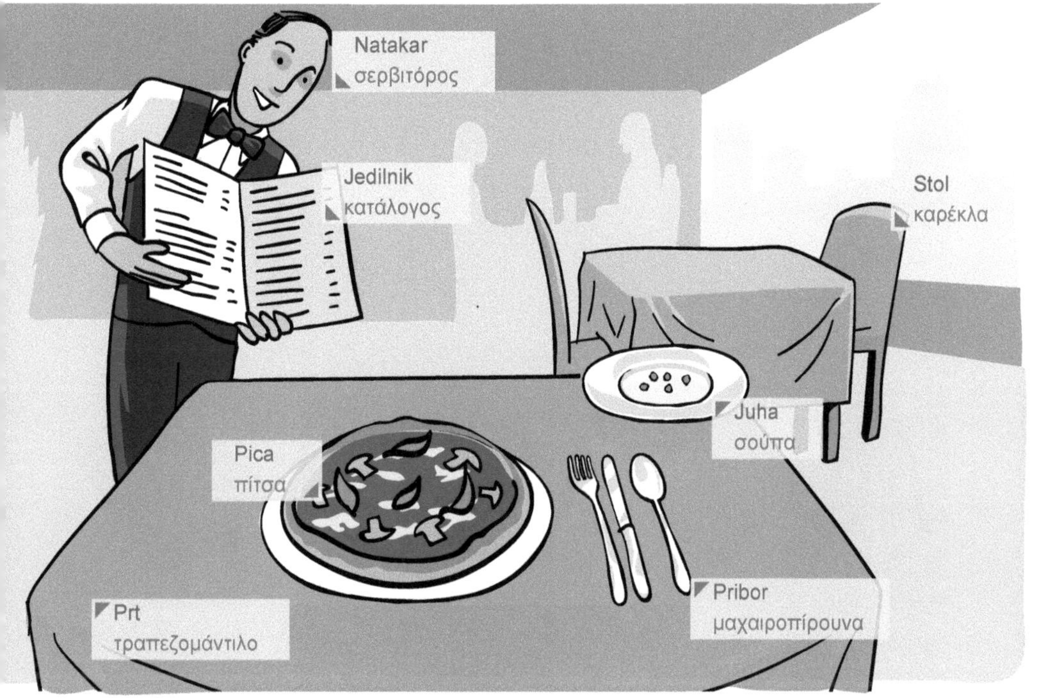
Natakar
σερβιτόρος
Jedilnik
κατάλογος
Stol
καρέκλα
Juha
σούπα
Pica
πίτσα
Pribor
μαχαιροπίρουνα
Prt
τραπεζομάντιλο

Predjed

ορεκτικό

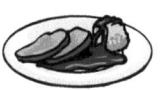

Glavna jed

κύριο πιάτο

Sladica

επιδόρπιο

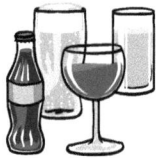

Pijače

ποτά

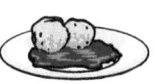

Hrana

φαγητό

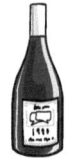

Steklenica

μπουκάλι

Hitra hrana

φαστ φουντ

Ulična hrana

φαγητό στ' όρθιο

Čajnik

τσαγιέρα

Sladkornica

δοχείο ζάχαρης

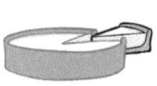

Porcija

μερίδα

Aparat za espresso

μηχανή εσπρέσο

Stolček za hranjenje

ψηλή καρέκλα

Račun

λογαριασμός

Pladenj

δίσκος

Nož

μαχαίρι

Vilica

πιρούνι

Žlica

κουτάλι

Čajna žlička

κουταλάκι του τσαγιού

Servieta

πετσέτα φαγητού

Kozarec

ποτήρι

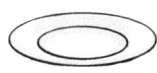

Krožnik

πιάτο

Globoki krožnik

πιάτο σούπας

Krožniček

πιατάκι φλιτζανιού

Omaka

σάλτσα

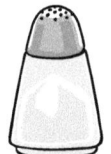

Solnica

αλατιέρα

Mlinček za poper

μύλος για πιπέρι

Kis

ξύδι

Olje

λάδι

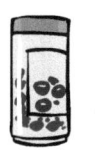

Začimbe

μπαχαρικά

Kečap

κέτσαπ

Gorčica

μουστάρδα

Majoneza

μαγιονέζα

Supermarket

σούπερ μάρκετ

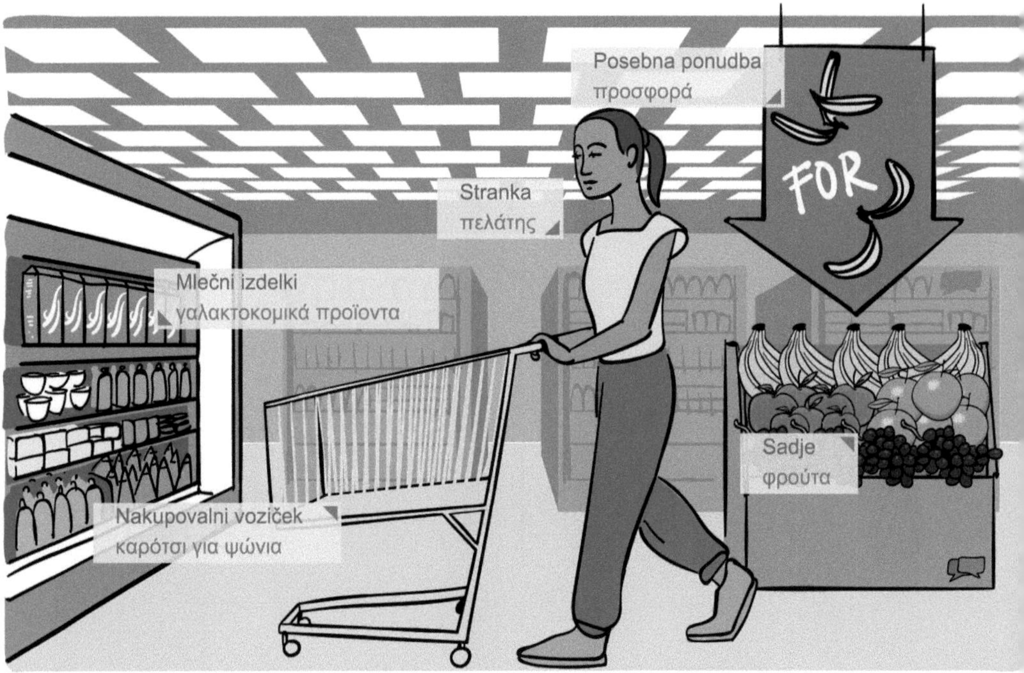

Posebna ponudba
προσφορά
FOR
Stranka
πελάτης
Mlečni izdelki
γαλακτοκομικά προϊόντα
Sadje
φρούτα
Nakupovalni voziček
καρότσι για ψώνια

BUTCHERS

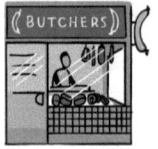

Mesnica

κρεοπωλείο

BAKERY

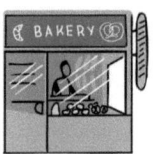

Pekarna

φούρνος

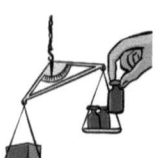

Tehtati

ζυγίζω

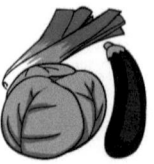

Zelenjava

λαχανικά

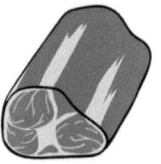

Meso

κρέας

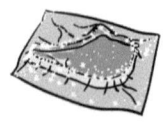

Zamrznjena hrana

κατεψυγμένα τρόφιμα

Hladne mesnine

αλλαντικά

Konzerve

κονσερβοποιημένη τροφή

Pralni prašek

απορρυπαντικό ρούχων

Sladkarije

γλυκά

Gospodinjski izdelki

οικιακά είδη

Čistilno sredstvo

καθαριστικά προϊόντα

Prodajalka

πωλήτρια

Blagajna

ταμείο

Blagajnik

ταμίας

Nakupovalni seznam

λίστα για ψώνια

Delovni čas

ωράριο λειτουργίας

Denarnica

πορτοφόλι

Kreditna kartica

πιστωτική κάρτα

Torba

τσάντα

Plastična vrečka

πλαστική σακούλα

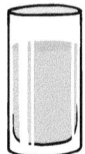

Voda

νερό

Sok

χυμός

Mleko

γάλα

Kola

κόκα κόλα

Vino

κρασί

Pivo

μπίρα

Alkohol

αλκοόλ

Kakav

κακάο

Čaj

τσάι

Kava

καφές

Espresso

εσπρέσο

Kapučino

καπουτσίνο

Banana

μπανάνα

Jabolko

μήλο

Pomaranča

πορτοκάλι

Lubenica

πεπόνι

Limona

λεμόνι

Korenje

καρότο

Česen

σκόρδο

Bambus

μπαμπού

Čebula

κρεμμύδι

Goba

μανιτάρι

Oreščki

ξηροί καρποί

Rezanci

νουντλς

Špageti

μακαρόνια

Riž

ρύζι

Solata

σαλάτα

Ocvrt krompirček

πατατάκια

Pečen krompir

τηγανητές πατάτες

Pica

πίτσα

Hamburger

χάμπουργκερ

Sendvič

σάντουιτς

Zrezek

κοτολέτα

Šunka

ζαμπόν

Salama

σαλάμι

Klobasa

λουκάνικο

Piščanec

κοτόπουλο

Pečenka

ψητό

Riba

ψάρι

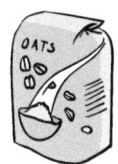

Ovseni kosmiči

χυλός βρώμης

Musli

μούσλι

Koruzni kosmiči

κορν φλέικς

Moka

αλεύρι

Rogljiček

κρουασάν

Žemlja

ψωμάκι

Kruh

ψωμί

Prepečenec

τοστ

Piškoti

μπισκότα

Maslo

βούτυρο

Skuta

τυρόπηγμα

Torta

κέικ

Jajce

αυγό

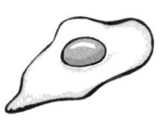

Pečeno jajce na oko

τηγανητό αυγό

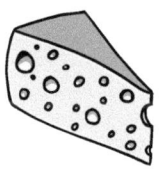

Sir

τυρί

Sladoled

παγωτό

Sladkor

ζάχαρη

Med

μέλι

Marmelada

μαρμελάδα

Čokoladni namaz

άλλειμμα σοκολάτας

Kari

κάρυ

Kmetija

αγρόκτημα

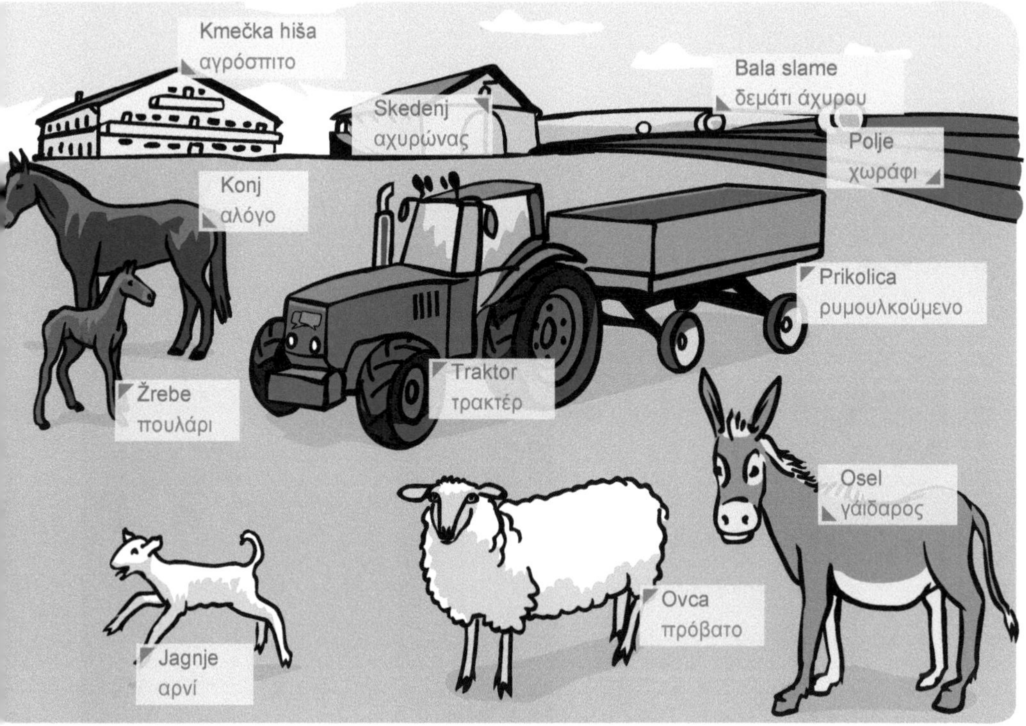

Kmečka hiša
αγρόσπιτο
Bala slame
δεμάτι άχυρου
Skedenj
αχυρώνας
Polje
χωράφι
Konj
αλόγο
Prikolica
ρυμουλκούμενο
Traktor
τρακτέρ
Žrebe
πουλάρι
Osel
γάιδαρος
Ovca
πρόβατο
Jagnje
αρνί

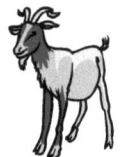

Koza

κατσίκα

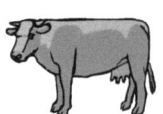

Krava

αγελάδα

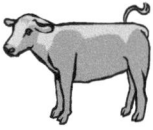

Tele

μοσχαράκι

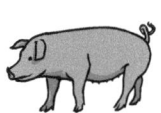

Prašič

γουρούνι

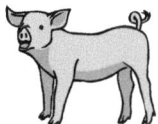

Pujsek

γουρουνάκι

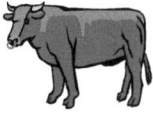

Bik

ταύρος

Gos

χήνα

Raca

πάπια

Piščanec

κοτοπουλάκι

Kokoš

κότα

Petelin

κόκορας

Podgana

αρουραίος

Mačka

γάτα

Miš

ποντίκι

Vol

βόδι

Pes

σκύλος

Pasja uta

σπιτάκι σκύλου

Cev za zalivanje

λάστιχο κήπου

Kangla za zalivanje

ποτιστήρι

Kosa

θεριστήρι

Plug

αλέτρι

Srp

δρεπάνι

Motika

τσάπα

Vile

δίκρανο

Sekira

τσεκούρι

Samokolnica

χειράμαξα

Korito

ταΐστρα

Kangla za mleko

δοχείο γάλακτος

Vreča

σάκος

Ograja

φράχτης

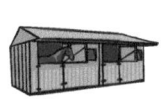

Hlev

στάβλος

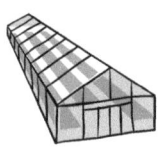

Rastlinjak

θερμοκήπιο

Prst

έδαφος

Seme

σπόρος

Gnojilo

λίπασμα

Kombajn

θεριζοαλωνιστική μηχανή

Žeti

θερίζω

Žetev

συγκομιδή

Jam

γιαμς

Pšenica

σιτάρι

Soja

σόγια

Krompir

πατάτα

Koruza

καλαμπόκι

Oljna ogrščica

κράμβη

Sadno drevo

οπωροφόρο δέντρο

Maniok

μανιόκα

Žito

δημητριακά

Hiša

σπίτι

Dimnik
καμινάδα
Streha
στέγη
Žleb
υδρορροή
Okno
παράθυρο
Garaža
γκαράζ
Zvonec
κουδούνι
Vrata
πόρτα
Koš za smeti
σκουπιδοτενεκές
Poštni nabiralnik
γραμματοκιβώτιο
Vrt
κήπος

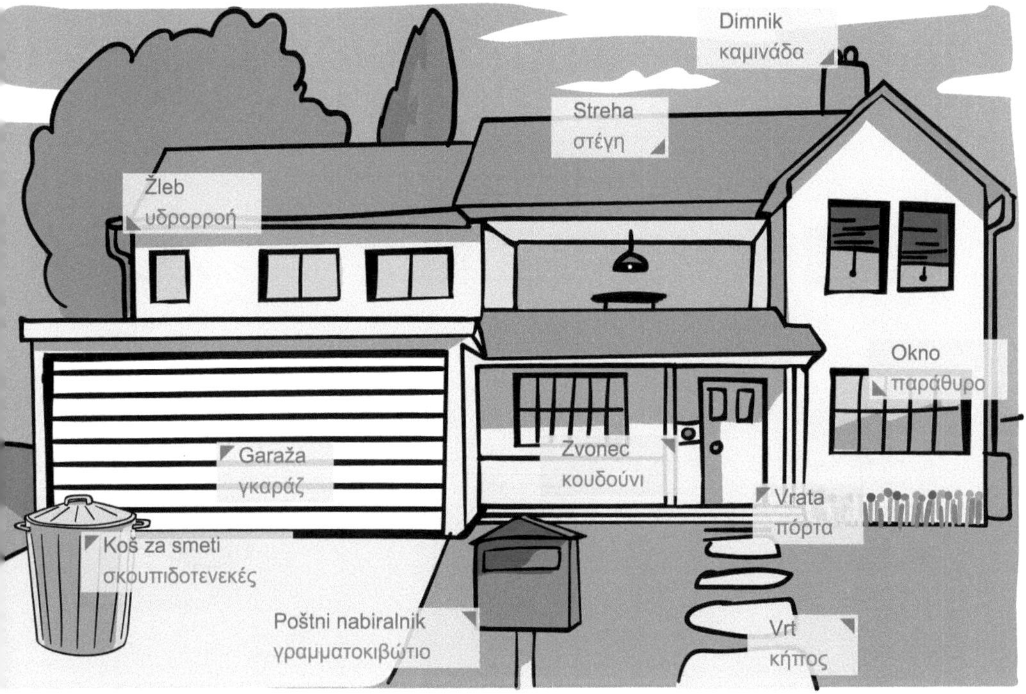

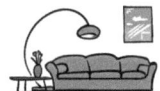

Dnevna soba
σαλόνι

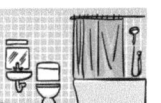

Kopalnica
μπάνιο

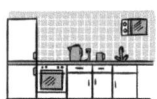

Kuhinja
κουζίνα

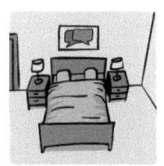

Spalnica
υπνοδωμάτιο

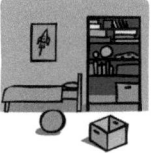

Otroška soba
παιδικό δωμάτιο

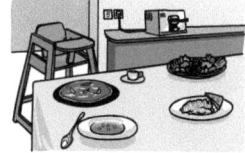

Jedilnica
τραπεζαρία

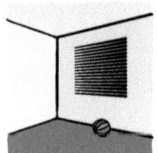

Tla

πάτωμα

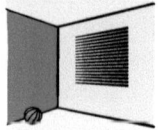

Stena

τοίχος

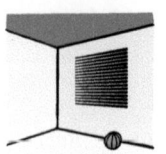

Strop

οροφή

Klet

κελάρι

Savna

σάουνα

Balkon

μπαλκόνι

Terasa

βεράντα

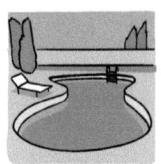

Bazen

πισίνα

Kosilnica

μηχανή του γκαζόν

Rjuha

σεντόνι

Posteljno pregrinjalo

κάλυμμα κρεβατιού

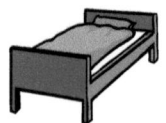

Postelja

κρεβάτι

Metla

σκούπα

Vedro

κουβάς

Stikalo

διακόπτης

Dnevna soba
σαλόνι

Tapeta
ταπετσαρία
Slika
φωτογραφία
Svetilka
λάμπα
Polica
ράφι
Omara
ντουλάπι
Televizor
τηλεόραση
Kamin
τζάκι
Cvetlica
λουλούδι
Blazina
μαξιλάρι
Zofa
καναπές
Vaza
βάζο
Daljinski upravljalnik
τηλεκοντρόλ

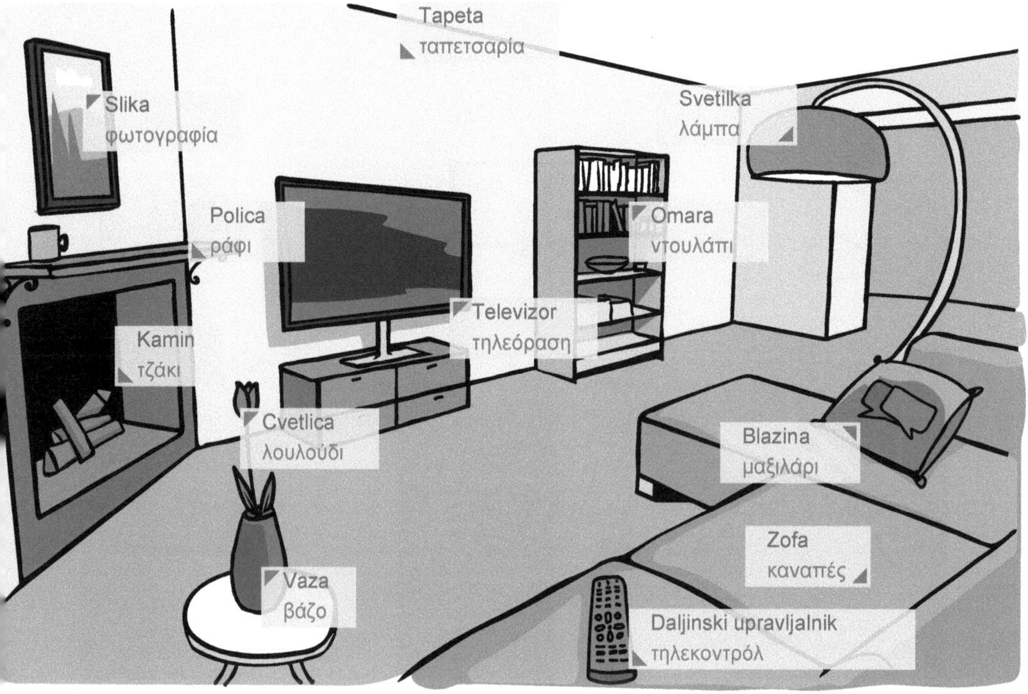

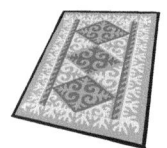

Preproga

χαλί

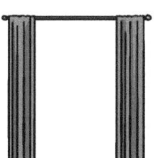

Zavesa

κουρτίνα

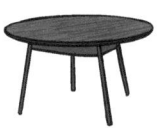

Miza

τραπέζι

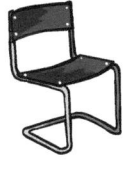

Stol

καρέκλα

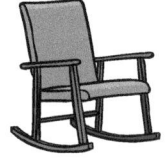

Gugalnik

κουνιστή πολυθρόνα

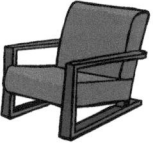

Naslanjač

πολυθρόνα

Knjiga

βιβλίο

Odeja

κουβέρτα

Dekoracija

διακόσμηση

Drva

καυσόξυλα

Film

ταινία

Glasbeni stolp

στερεοφωνικό σύστημα

Ključ

κλειδί

Časopis

εφημερίδα

Slika

πίνακας ζωγραφικής

Plakat

αφίσα

Radio

ραδιόφωνο

Beležka

σημειωματάριο

Sesalnik

ηλεκτρική σκούπα

Kaktus

κάκτος

Sveča

κερί

Kuhinja
κουζίνα

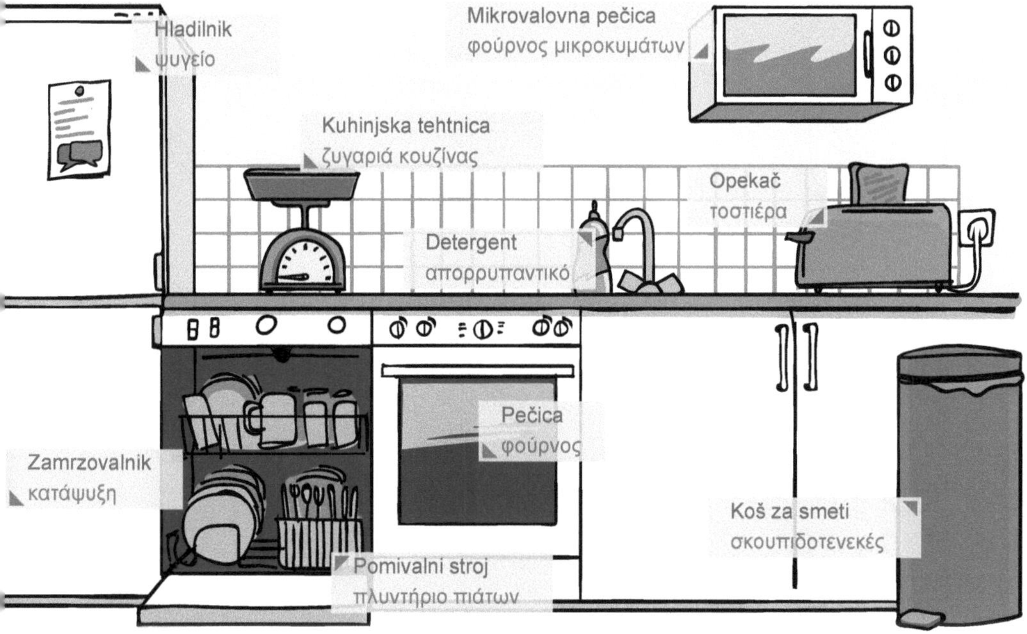
Hladilnik
ψυγείο
Mikrovalovna pečica
φούρνος μικροκυμάτων
Kuhinjska tehtnica
ζυγαριά κουζίνας
Opekač
τοστιέρα
Detergent
απορρυπαντικό
Pečica
φούρνος
Zamrzovalnik
κατάψυξη
Koš za smeti
σκουπιδοτενεκές
Pomivalni stroj
πλυντήριο πιάτων

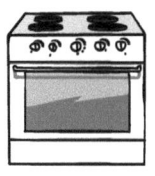

Kozica

κουζίνα

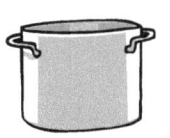

Lonec

κατσαρόλα

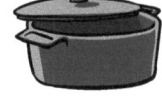

Litoželezni lonec

μαντεμένια κατσαρόλα

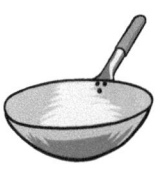

Vok / kadai

γουόκ/καντάι

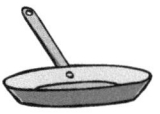

Ponev

τηγάνι

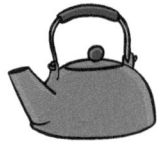

Kotliček

βραστήρας

Parni kuhalnik

ατμομάγειρας

Pekač

ταψί

Posoda

πιατικά

Skodelica

κούπα

Skleda

μπολ

Jedilne paličice

ξυλάκια

Zajemalka

κουτάλα

Lopatica

σπάτουλα

Metlica

ανακατεύω

Cedilnik

σουρωτήρι

Cedilo

σουρωτηράκι

Strgalo

τρίφτης

Možnar

γουδί

Žar

ψησταριά

Ognjišče

ανοιχτή φωτιά

Deska za rezanje

σανίδα κοπής

Valjar

πλάστης

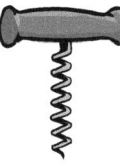

Odpirač za steklenice

ανοιχτήρι φελλών

Pločevinka

κονσέρβα

Odpirač za konzerve

ανοιχτήρι κονσέρβας

Prijemalka za posodo

γάντι φούρνου

Korito

νεροχύτης

Ščetka

βούρτσα

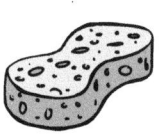

Goba

σφουγγάρι

Mešalnik

μπλέντερ

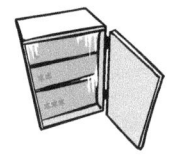

Zamrzovalna skrinja

καταψύκτης

Steklenička

μπιμπερό

Pipa

βρύση

Kuhinja - κουζίνα

Kopalnica

μπάνιο

Ogrevanje
θέρμανση
Brisača
πετσέτα
Prha
ντους
Zavesa za prho
κουρτίνα ντουζ
Peneča kopel
αφρόλουτρο
Kopalna kad
μπανιέρα
Kozarec
ποτήρι
Pralni stroj
πλυντήριο ρούχων
Pipa
βρύση
Ploščice
πλακάκια
Kahlica
γιογιό
Korito
νεροχύτης

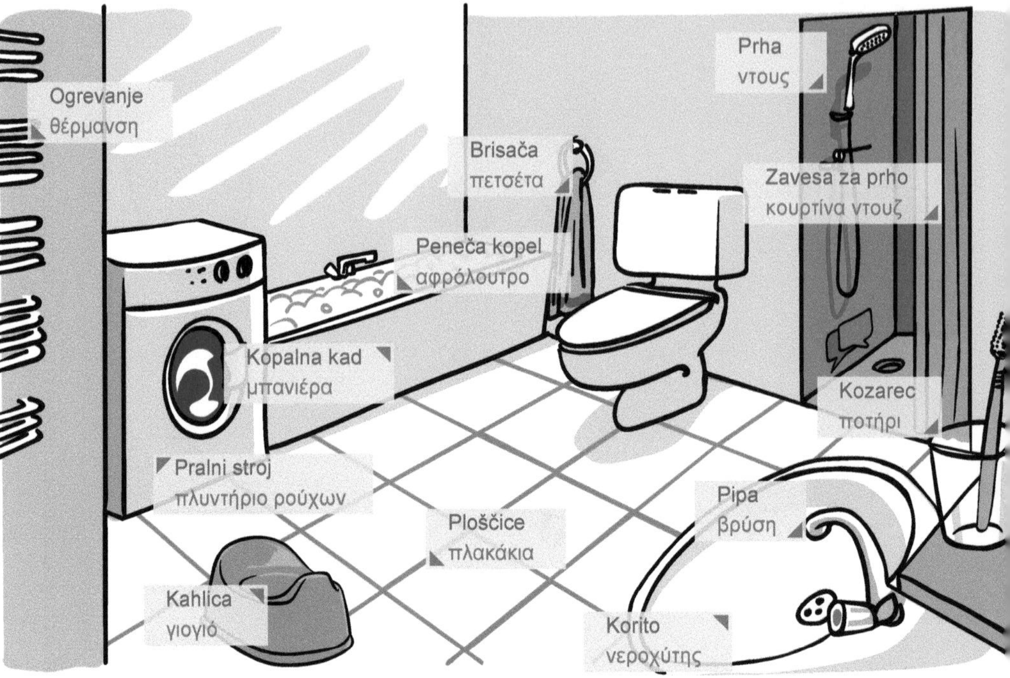

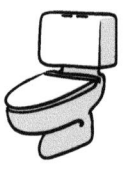

Stranišče

τουαλέτα

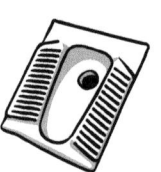

Stranišče na počep

τούρκικη τουαλέτα

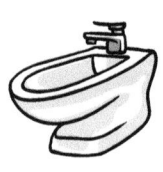

Bide

μπιντές

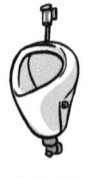

Pisoar

ουρητήριο

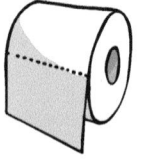

Toaletni papir

χαρτί υγείας

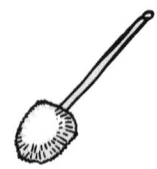

Ščetka za straniščno školjko

πιγκάλ

Zobna ščetka

οδοντόβουρτσα

Zobna pasta

οδοντόκρεμα

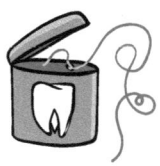

Zobna nitka

οδοντικό νήμα

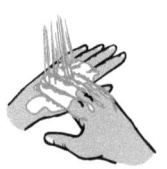

Umiti se

πλένω

Ročna prha

τηλέφωνο ντους

Prha za intimne dele

ντουσιέρα

Umivalnik

λεκάνη

Krtača za hrbet

βούρτσα πλάτης

Milo

σαπούνι

Gel za prhanje

αφρόλουτρο

Šampon

σαμπουάν

Krpica za miljenje

φανέλα

Odtok

σιφόνι

Krema

κρέμα

Deodorant

αποσμητικό

Ogledalo

καθρέφτης

Ročno ogledalo

καθρέφτης χειρός

Britvica

ξυραφάκι

Pena za britje

αφρός ξυρίσματος

Vodica po britju

αφτερσέιβ

Glavnik

χτένα

Ščetka

βούρτσα

Sušilnik za lase

σεσουάρ

Lak za lase

λακ

Ličila

μακιγιάζ

Šminka

κραγιόν

Lak za nohte

βερνίκι νυχιών

Vatirane blazinice

βαμβάκι

Škarjice za nohte

ψαλίδι νυχιών

Parfum

άρωμα

Toaletna torbica

νεσεσέρ

Stol brez naslonjala

σκαμπό

Osebna tehtnica

ζυγαριά

Kopalni plašč

μπουρνούζι

Gumijaste rokavice

ελαστικά γάντια

Tampon

ταμπόν

Damski vložki

πετσέτα υγιεινής

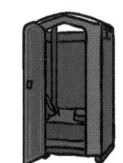

Kemično stranišče

χημική τουαλέτα

Otroška soba

παιδικό δωμάτιο

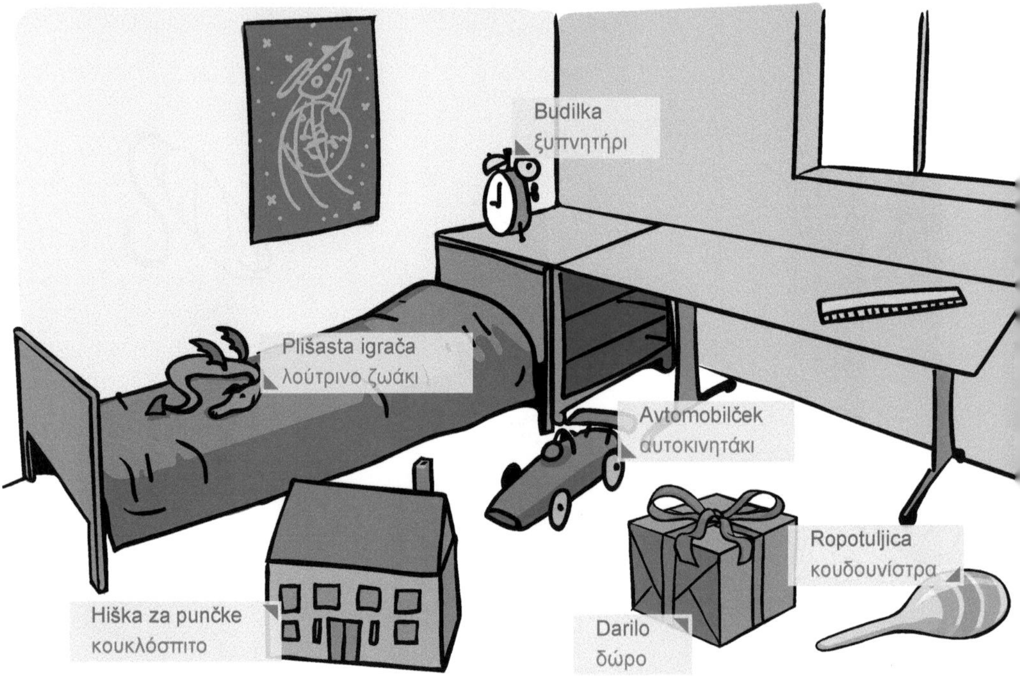
Budilka
ξυπνητήρι
Plišasta igrača
λούτρινο ζωάκι
Avtomobilček
αυτοκινητάκι
Ropotuljica
κουδουνίστρα
Hiška za punčke
κουκλόσπιτο
Darilo
δώρο

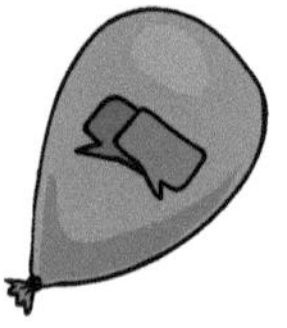

Balon

μπαλόνι

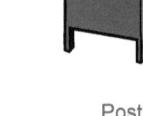

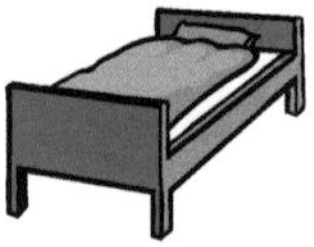

Postelja

κρεβάτι

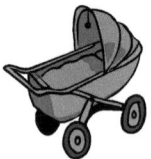

Otroški voziček

καροτσάκι

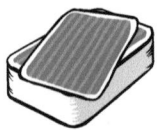

Igralne karte

τράπουλα

Sestavljanka

παζλ

SUPER
MEGA

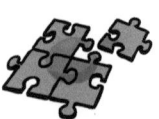

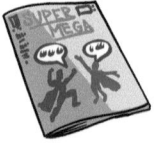

Strip

κόμικς

Lego kocke

τουβλάκια lego

Igralne kocke

τουβλάκια κατασκευών

Akcijska figura

φιγούρα δράσης

Bodi

βρεφικό φορμάκι

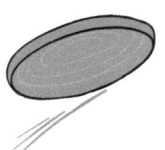

Frizbi

φρίσμπι

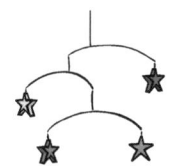

Vrtiljak za posteljico

μόμπιλο

Namizna igra

επιτραπέζιο παιχνίδι

Kocka

ζάρια

Komplet modelov vlakov

σετ τρενάκι

Duda

πιπίλα

Zabava

πάρτι

Slikanica

εικονογραφημένο βιβλίο

Žoga

μπάλα

Lutka

κούκλα

Igrati se

παίζω

Peskovnik

σκάμμα με άμμο

Gugalnica

κούνια

Igrače

παιχνίδια

Igralna konzola

κονσόλα βιντεοπαιχνιδιών

Tricikel

τρίκυκλο

Plišasti medvedek

αρκουδάκι

Garderoba

ντουλάπα

Oblačilo
ρούχα

Nogavice

κάλτσες

Samostoječe nogavice

καλτσοδέτες

Hlačne nogavice

καλσόν

Šal
κασκόλ

Dežnik
ομπρέλα

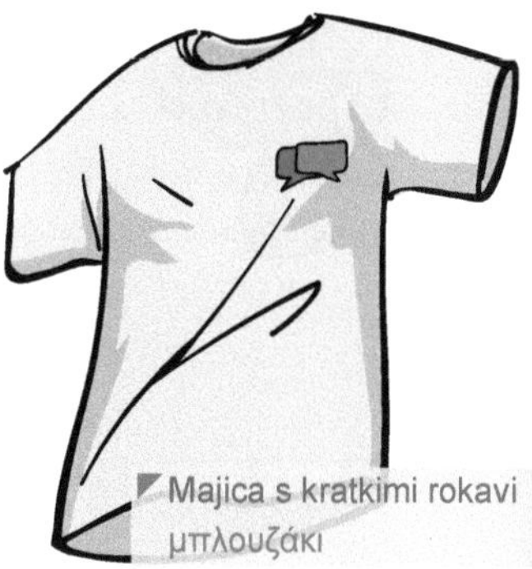

Pas
ζώνη

Majica s kratkimi rokavi
μπλουζάκι

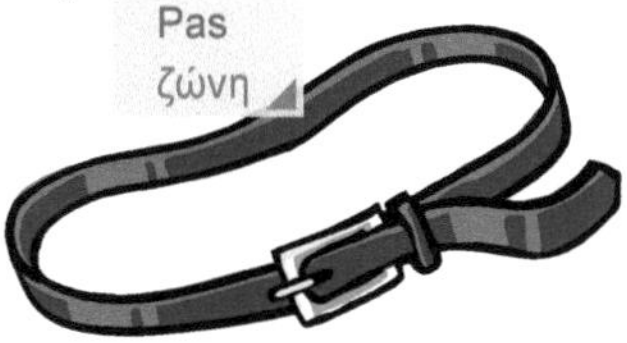

Športni copati
αθλητικά παπούτσια

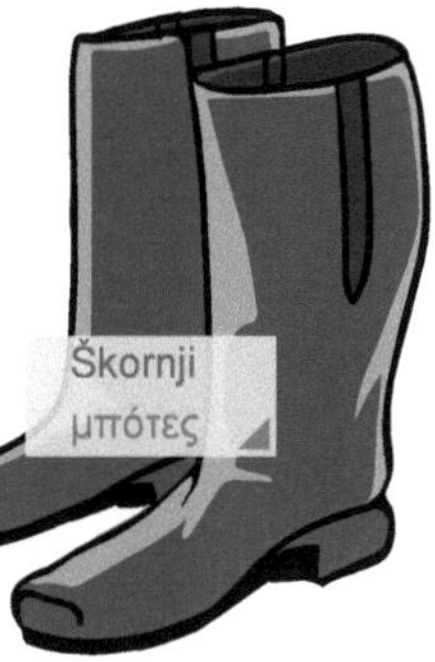

Škornji
μπότες

Copati
παντόφλες

Sandali

σανδάλια

Čevlji

παπούτσια

Gumijasti škornji

γαλότσες

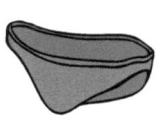

Spodnje hlače

εσώρουχο

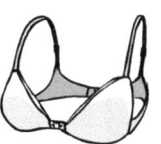

Modrček

σουτιέν

Telovnik

φανέλα

Bodi
σώμα

Hlače
παντελόνι

Kavbojke
τζιν παντελόνι

Krilo
φούστα

Bluza
μπλούζα

Srajca
πουκάμισο

Pulover
πουλόβερ

Pletena jopica
πουλόβερ

Jopa
σακάκι

Jakna
μπουφάν

Plašč
παλτό

Dežni plašč
αδιάβροχο πανωφόρι

Kostim
κοστούμι

Obleka
φόρεμα

Poročna obleka
νυφικό

Obleka
κοστούμι

Spalna srajca
νυχτικό

Pižama
πιτζάμες

Sari
σάρι

Naglavna ruta
μαντήλι

Turban
τουρμπάνι

Burka
μπούρκα

Kaftan
καφτάνι

Abaja
μουσουλμανικό ένδυμα

Kopalke
ολόσωμο μαγιό

Kopalne hlače
ανδρικό μαγιό

Kratke hlače
σορτς

Trenirka
αθλητική φόρμα

Predpasnik
ποδιά

Rokavice
γάντια

Gumb

κουμπί

Očala

γυαλιά

Zapestnica

βραχιόλι

Verižica

περιδέραιο

Prstan

δαχτυλίδι

Uhan

σκουλαρίκι

Kapa

καπέλο

Obešalnik

κρεμάστρα

Klobuk

καπέλο

Kravata

γραβάτα

Zadrga

φερμουάρ

Čelada

κράνος

Naramnice

τιράντες

Šolska uniforma

μαθητική στολή

Uniforma

στολή

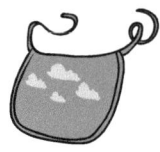

Slinček

σαλιάρα

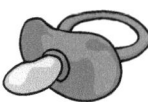

Duda

πιπίλα

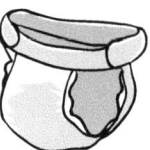

Plenica

πάνα

Pisarna
γραφείο

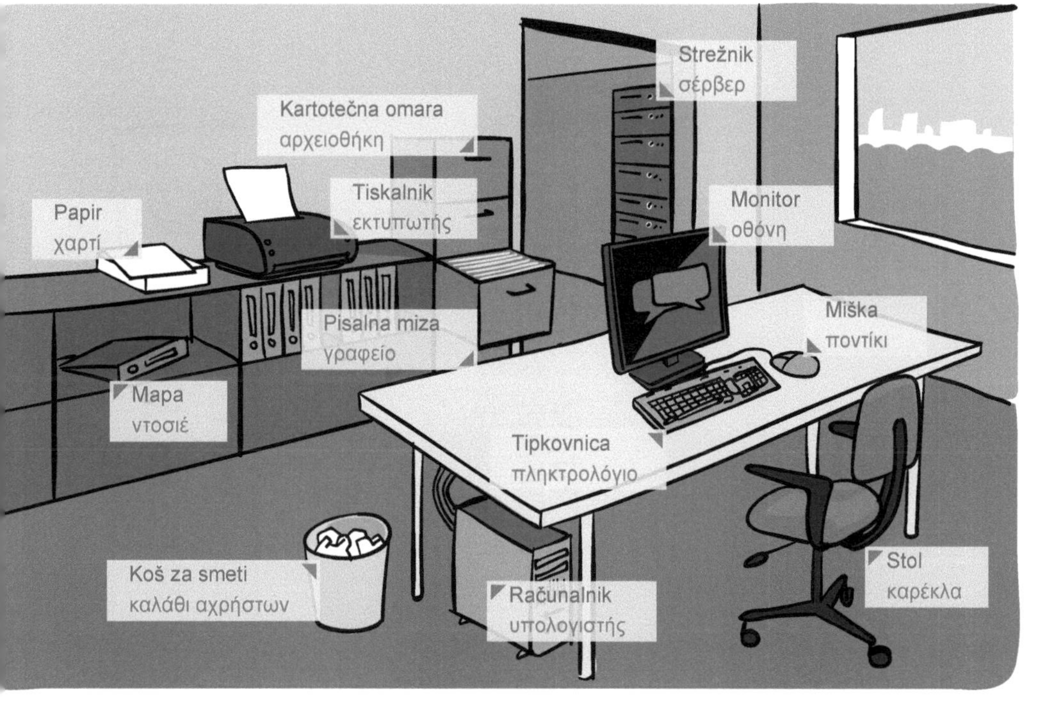
Strežnik
σέρβερ
Kartotečna omara
αρχειοθήκη
Tiskalnik
εκτυπωτής
Papir
χαρτί
Monitor
οθόνη
Miška
ποντίκι
Pisalna miza
γραφείο
Mapa
ντοσιέ
Tipkovnica
πληκτρολόγιο
Stol
καρέκλα
Koš za smeti
καλάθι αχρήστων
Računalnik
υπολογιστής

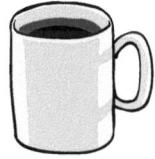

Lonček za kavo

κούπα του καφέ

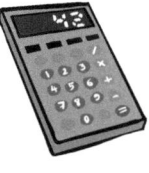

Kalkulator

κομπιουτεράκι

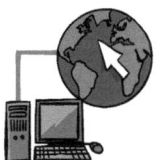

Internet

ίντερνετ

Prenosnik

λάπτοπ

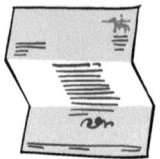

Pismo

γράμμα

Sporočilo

μήνυμα

Mobilnik

κινητό

Omrežje

δίκτυο

Kopirni stroj

φωτοτυπικό μηχάνημα

Programska oprema

λογισμικό

Telefon

τηλέφωνο

Vtičnica

πρίζα

Telefaks

συσκευή φαξ

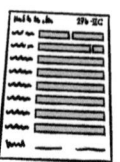

Obrazec

έντυπο

Dokument

έγγραφο

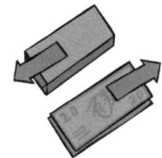

Kupiti

αγοράζω

Plačati

πληρώνω

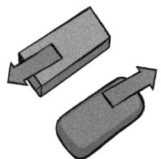

Trgovati

συναλλάσσομαι

Denar

χρήματα

Dolar

δολάριο

Evro

ευρώ

Jen

γιεν

Rubelj

ρούβλι

Švičarski frank

ελβετικό φράγκο

Kitajski juan renminbi

ρενμίνμπι γιουάν

Rupija

ρουπία

Bankomat

ATM (αυτόματη ταμειακή μηχανή)

Menjalnica

ανταλλακτήρια συναλλάγματος

Zlato

χρυσός

Srebro

ασήμι

Nafta

πετρέλαιο

Energija

ενέργεια

Cena

τιμή

Pogodba

συμβόλαιο

Davek

φόρος

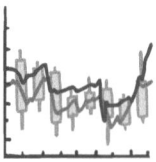

Delnice

μετοχή

Delati

δουλεύω

Delojemalec

υπάλληλος

Delodajalec

εργοδότης

Tovarna

εργοστάσιο

Trgovina

κατάστημα

Poklici

επαγγέλματα

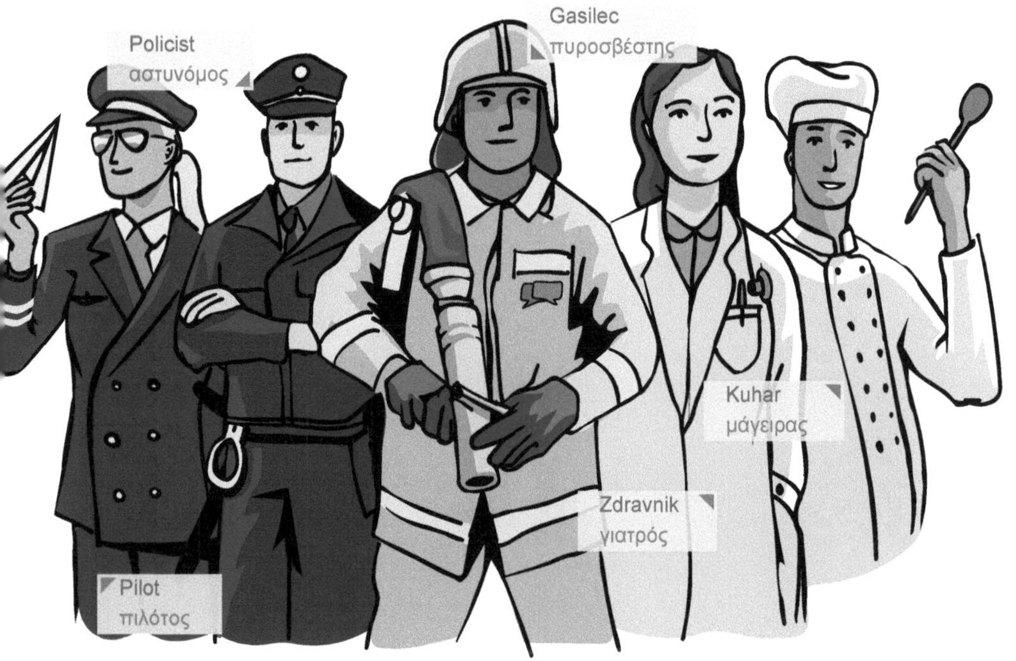
Policist
αστυνόμος
Gasilec
πυροσβέστης
Kuhar
μάγειρας
Zdravnik
γιατρός
Pilot
πιλότος

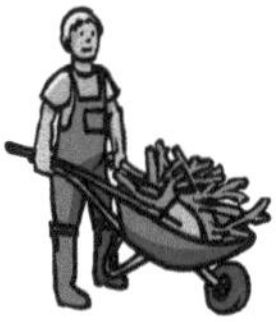

Vrtnar

κηπουρός

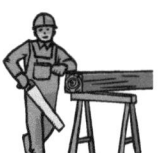

Mizar

ξυλουργός

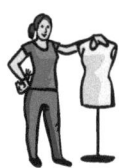

Šivilja

μοδίστρα

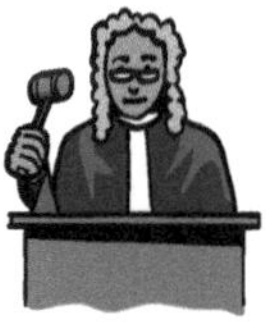

Sodnik

δικαστής

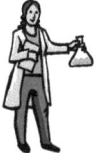

Kemik

χημικός

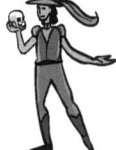

Igralec

ηθοποιός

Voznik avtobusa

οδηγός λεωφορείου

Taksist

ταξιτζής

Ribič

ψαράς

Čistilka

καθαρίστρια

Krovec

τεχνίτης στεγών

Natakar

σερβιτόρος

Lovec

κυνηγός

Pleskar

ζωγράφος

Pek

αρτοποιός

Električar

ηλεκτρολόγος

Gradbenik

οικοδόμος

Inženir

μηχανολόγος

Mesar

κρεοπώλης

Vodovodni inštalater

υδραυλικός

Poštar

ταχυδρόμος

Vojak

στρατιώτης

Arhitekt

αρχιτέκτονας

Blagajnik

ταμίας

Cvetličar

ανθοπώλης

Frizer

κομμωτής

Sprevodnik

ελεγκτής εισιτηρίων

Mehanik

μηχανικός

Kapitan

καπετάνιος

Zobozdravnik

οδοντίατρος

Znanstvenik

επιστήμονας

Rabin

ραβίνος

Imam

ιμάμης

Menih

μοναχός

Duhovnik

ιερέας

Orodje

εργαλεία

Klešče
πένσα
Kladivo
σφυρί
Izvijač
κατσαβίδι
Žepna svetilka
φακός
Vijačni ključ
Γαλλικό κλειδί

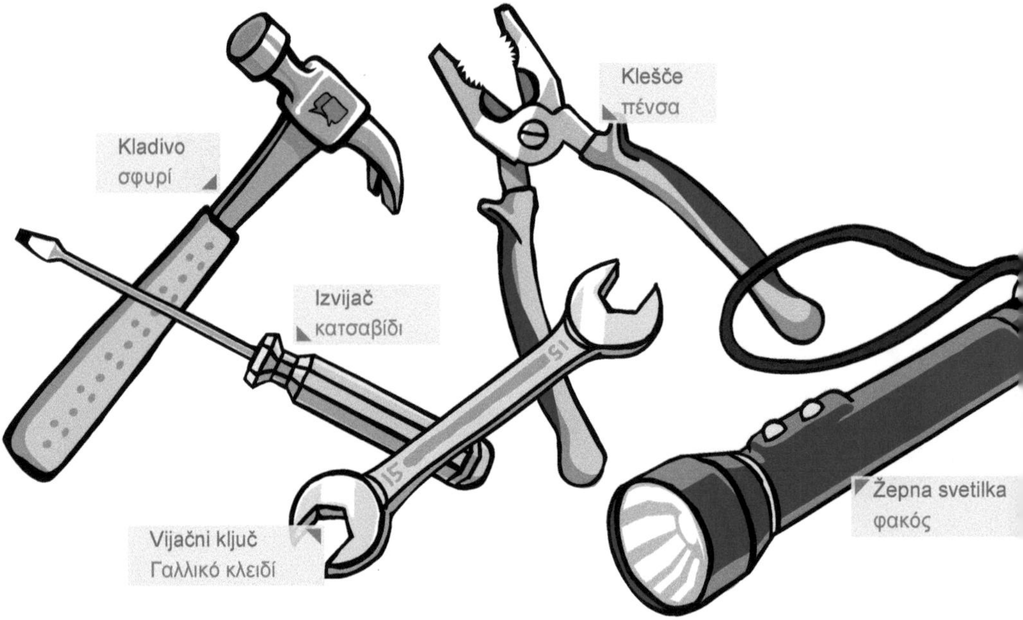

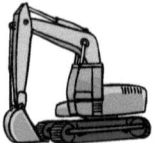

Bager

εκσκαφέας

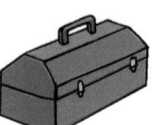

Zaboj z orodjem

εργαλειοθήκη

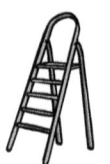

Lestev

σκάλα

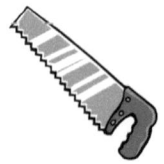

Žaga

πριόνι

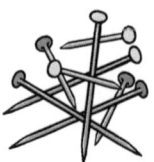

Žeblji

καρφιά

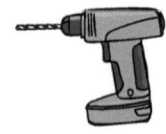

Vrtalnik

τρυπάνι

Popraviti

επισκευάζω

Lopata

φτυάρι

Šment!

Να πάρει!

Smetišnica

φαράσι

Posoda z barvo

δοχείο χρωμάτων

Vijaki

βίδες

Glasbeni instrument
μουσικά όργανα

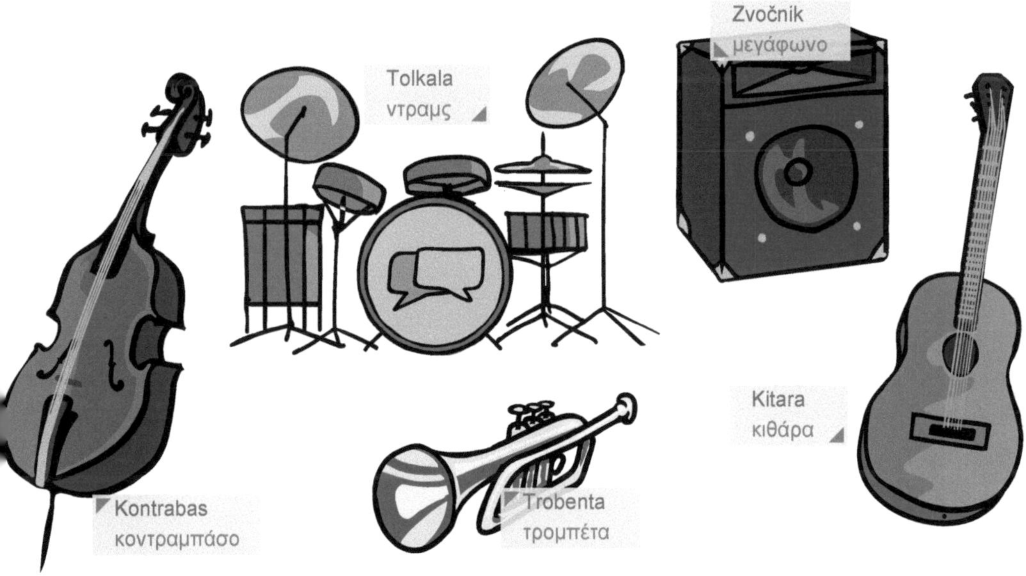

Zvočnik
μεγάφωνο

Tolkala
ντραμς

Kontrabas
κοντραμπάσο

Trobenta
τρομπέτα

Kitara
κιθάρα

Klavir

πιάνο

Violina

βιολί

Bas kitara

μπάσο

Pavke

τύμπανα

Bobni

τύμπανο

Sintetizator

πλήκτρα

Saksofon

σαξόφωνο

Flavta

φλάουτο

Mikrofon

μικρόφωνο

Živalski vrt

ζωολογικός κήπος

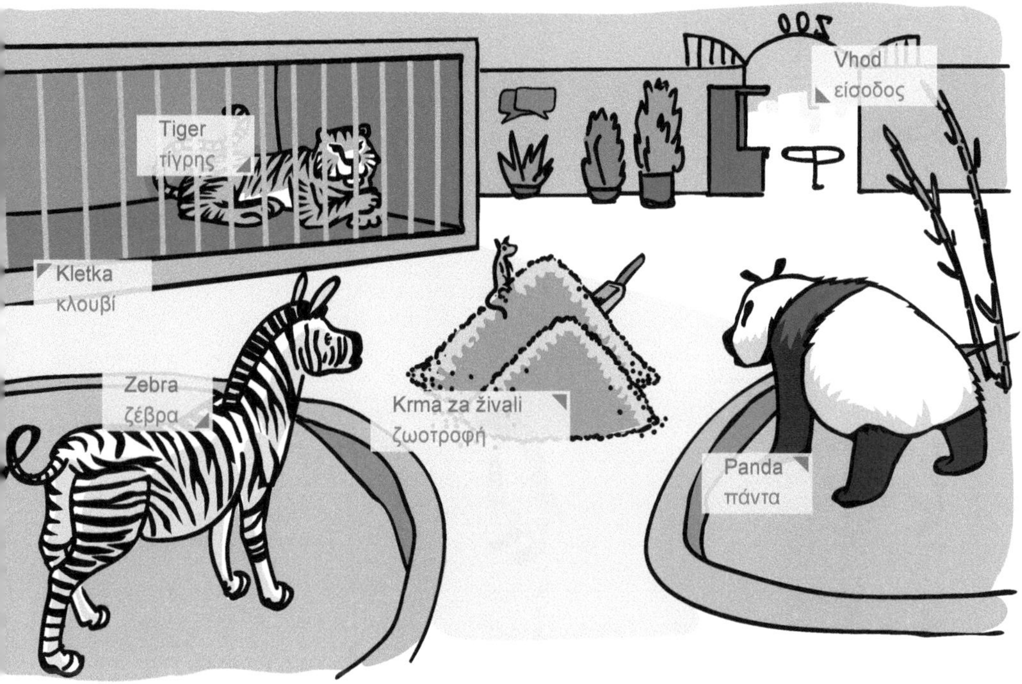

ZOO
Vhod
είσοδος
Tiger
τίγρης
Kletka
κλουβί
Zebra
ζέβρα
Krma za živali
ζωοτροφή
Panda
πάντα

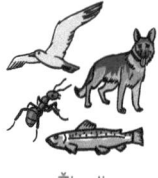

Živali

ζώα

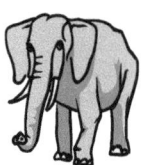

Slon

ελέφαντας

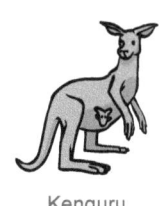

Kenguru

καγκουρό

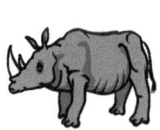

Nosorog

ρινόκερος

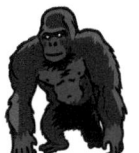

Gorila

γορίλας

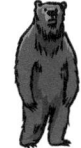

Medved

αρκούδα

Kamela

καμήλα

Noj

στρουθοκάμηλος

Lev

λιοντάρι

Opica

πίθηκος

Plamenec

φλαμίνγκο

Papagaj

παπαγάλος

Severni medved

πολική αρκούδα

Pingvin

πιγκουίνος

Morski pes

καρχαρίας

Pav

παγώνι

Kača

φίδι

Krokodil

κροκόδειλος

Oskrbnik v živalskem vrtu

φύλακας ζωολογικού κήπου

Tjulenj

φώκια

Jaguar

τζάγκουαρ

Poni

πόνυ

Leopard

λεοπάρδαλη

Povodni konj

ιπποπόταμος

Žirafa

καμηλοπάρδαλη

Orel

αετός

Divji prašič

αγριογούρουνο

Riba

ψάρι

Želva

χελώνα

Mrož

θαλάσσιος ίππος

Lisica

αλεπού

Gazela

γαζέλα

Ameriški nogomet
Αμερικάνικο ποδόσφαιρο

Kolesarjenje
ποδηλασία

Tenis
αντισφαίριση

Košarka
μπάσκετ

Plavanje
κολύμβηση

Boks
πυγχαμία

Hokej
χόκεϋ επί πάγου

Nogomet
ποδόσφαιρο

Badminton
μπάντμιντον

Atletika
στίβος

Rokomet
χάντμπολ

Smučanje
σκι

Polo
πόλο

Dejavnosti
δραστηριότητες

Smejati se
γελάω
Skočiti
πηδάω
Objeti
αγκαλιάζω
Hoditi
περπατάω
Peti
τραγουδάω
Sanjati
ονειρεύομαι
Moliti
προσεύχομαι
Poljubiti
φιλάω

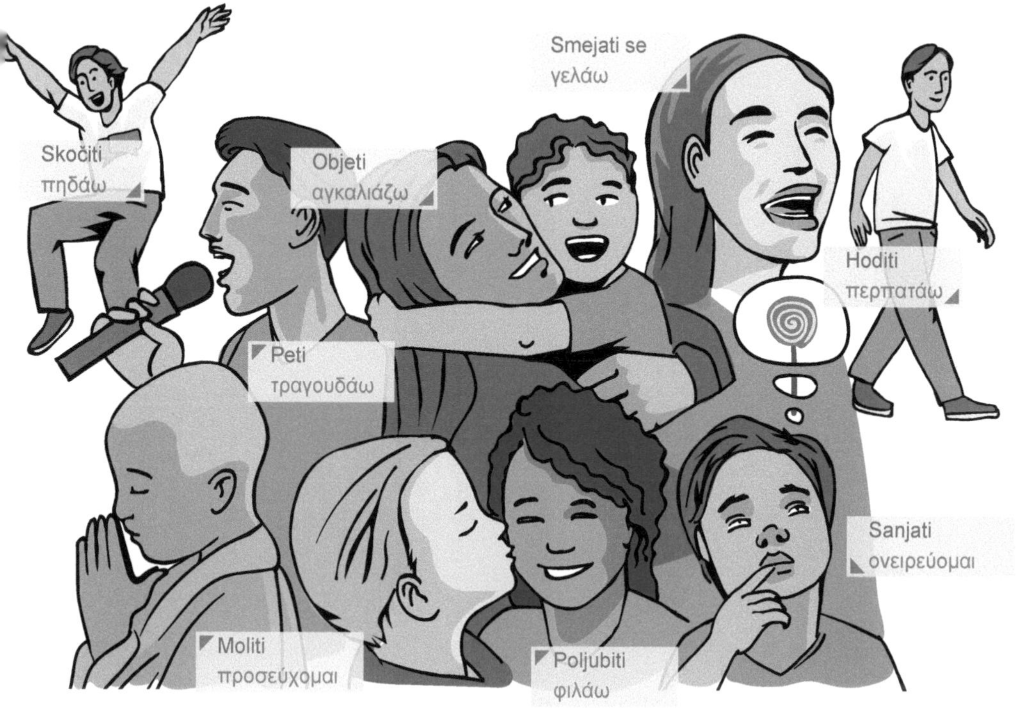

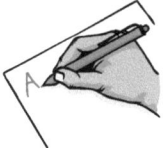

Pisati
γράφω

Risati
σχεδιάζω

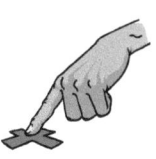

Pokazati
δείχνω

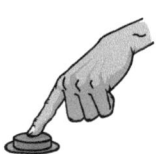

Potisniti
πιέζω

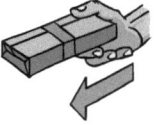

Dati
δίνω

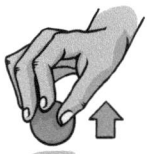

Vzeti
παίρνω

Imeti
έχω

Narediti
κάνω

Biti
είμαι

Stati
στέκομαι

Teči
τρέχω

Vleči
τραβάω

Vreči
ρίχνω

Pasti
πέφτω

Ležati
ξαπλώνω

Čakati
περιμένω

Nositi
κουβαλώ

Sedeti
κάθομαι

Obleči se
φοράω

Spati
κοιμάμαι

Zbuditi se
ξυπνάω

Gledati

κοιτάω

Jokati

κλαίω

Božati

χαϊδεύω

Česati se

χτενίζω

Govoriti

μιλάω

Razumeti

καταλαβαίνω

Vprašati

ρωτάω

Poslušati

ακούω

Piti

πίνω

Jesti

τρώω

Pospraviti

συγυρίζω

Ljubiti

αγαπάω

Kuhati

μαγειρεύω

Voziti

οδηγώ

Leteti

πετάω

Jadrati

κάνω ιστιοπλοΐα

Računanje

υπολογίζω

Brati

διαβάζω

Učiti se

μαθαίνω

Delati

δουλεύω

Poročiti se

παντρεύομαι

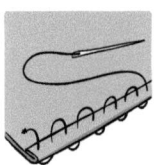

Šivati

ράβω

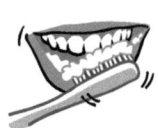

Ščetkati si zobe

βουρτσίζω τα δόντια

Ubiti

σκοτώνω

Kaditi

καπνίζω

Poslati

στέλνω

Družina
οικογένεια

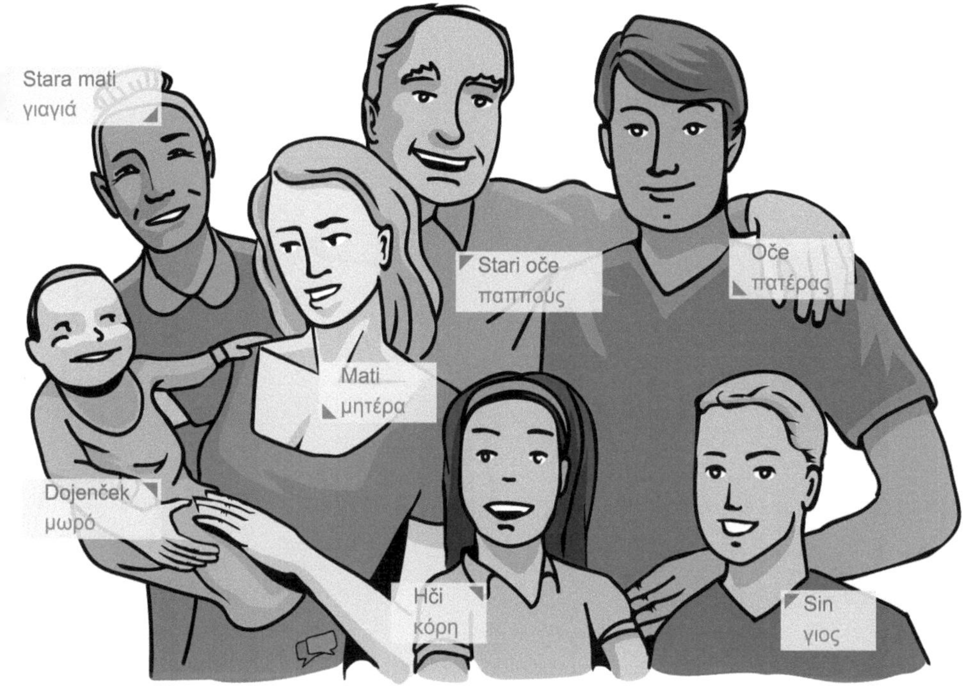
Stara mati
γιαγιά
Stari oče
παππούς
Oče
πατέρας
Mati
μητέρα
Dojenček
μωρό
Hči
κόρη
Sin
γιος

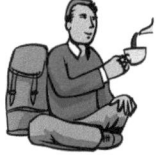

Gost
καλεσμένος

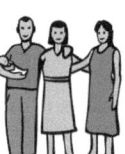

Teta
θεία

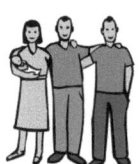

Stric
θείος

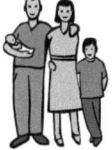

Brat
αδελφός

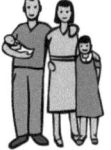

Sestra
αδελφή

Telo

σώμα

Čelo
μέτωπο
Oko
μάτι
Rama
ώμος
Prst
δάχτυλο
Obraz
πρόσωπο
Brada
πιγούνι
Dlan
χέρι
Noga
πόδι
Prsi
στήθος
Roka
βραχίονας

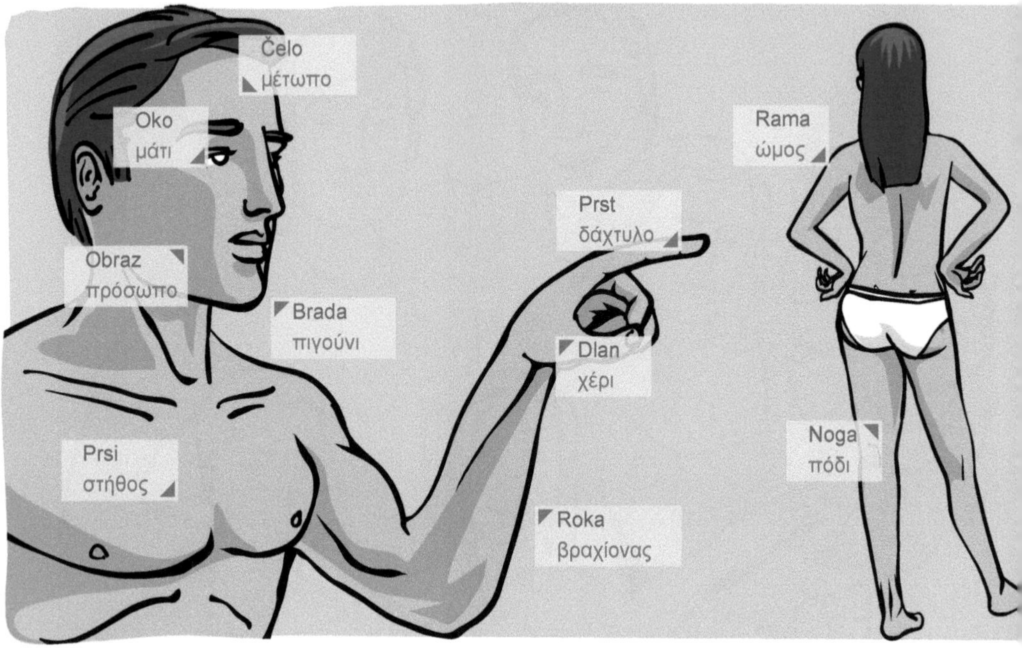

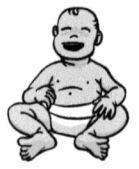

Dojenček

μωρό

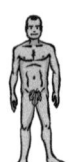

Človek

άνδρας

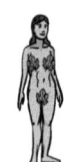

Ženska

γυναίκα

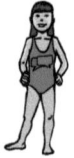

Dekle

κορίτσι

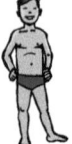

Fant

αγόρι

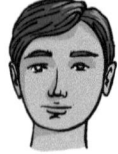

Glava

κεφάλι

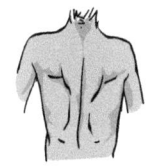

Hrbet
πλάτη

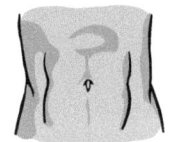

Trebuh
κοιλιά

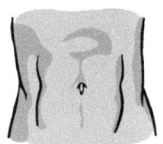

Popek
αφαλός

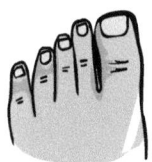

Prst na nogi
δάχτυλο ποδιού

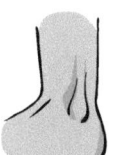

Peta
φτέρνα

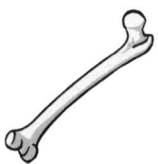

Kost
κόκκαλο

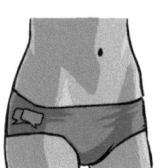

Kolk
γοφός

Koleno
γόνατο

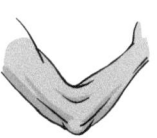

Komolec
αγκώνας

Nos
μύτη

Zadnjica
γλουτός

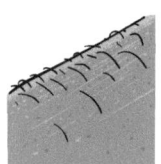

Koža
δέρμα

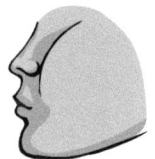

Lice
μάγουλο

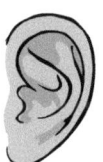

Uho
αυτί

Ustnica
χείλος

Usta
....
στόμα

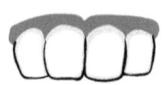

Zob
....
δόντι

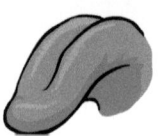

Jezik
....
γλώσσα

Možgani
....
εγκέφαλος

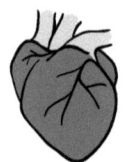

Srce
....
καρδιά

Mišica
....
μυς

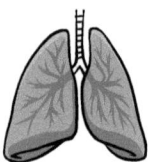

Pljuča
....
πνεύμονας

Jetra
....
συκώτι

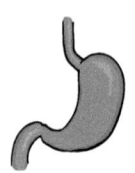

Želodec
....
στομάχι

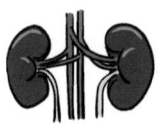

Ledvice
....
νεφρά

Spolni odnos
....
σεξουαλική επαφή

Kondom
....
προφυλακτικό

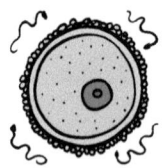

Jajčece
....
ωάριο

Semenska tekočina
....
σπέρμα

Nosečnost
....
εγκυμοσύνη

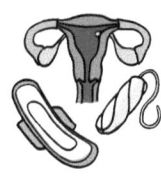

Menstruacija

περίοδος

Vagina

γυναικείος κόλπος

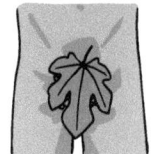

Penis

πέος

Obrv

φρύδι

Lasje

μαλλιά

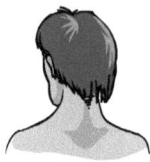

Vrat

λαιμός

Bolnišnica
νοσοκομείο

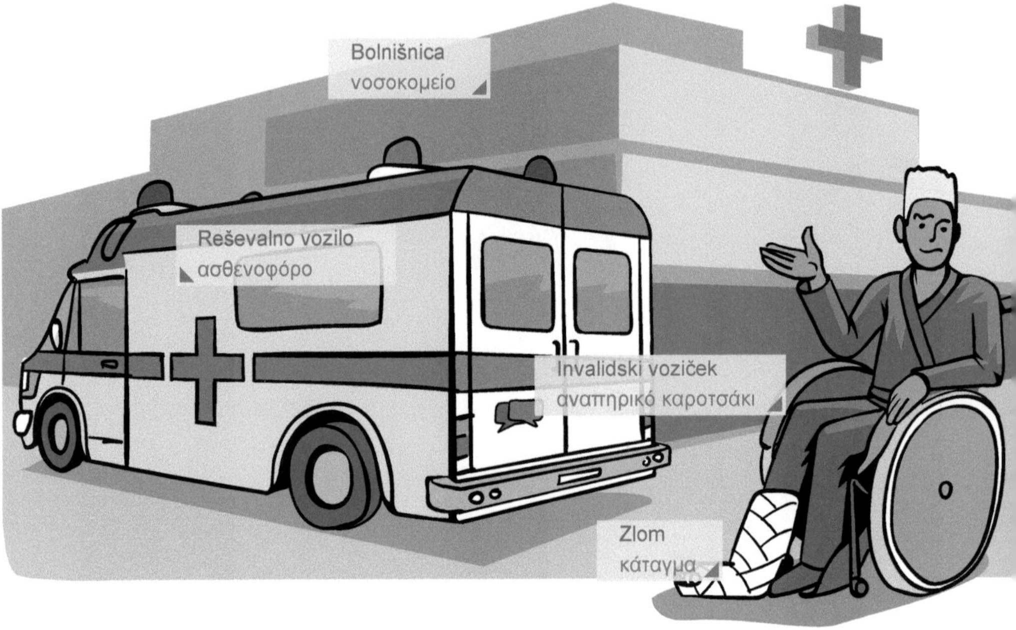

Bolnišnica
νοσοκομείο
Reševalno vozilo
ασθενοφόρο
Invalidski voziček
αναπηρικό καροτσάκι
Zlom
κάταγμα

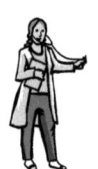

Zdravnik

γιατρός

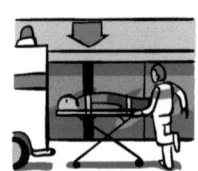

Urgenca

μονάδα εντατικής θεραπείας

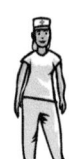

Medicinska sestra

νοσοκόμα

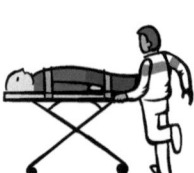

Nujni primer

έκτακτη ανάγκη

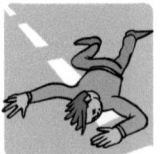

Nezavesten

λιπόθυμος

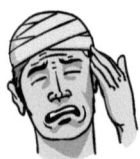

Bolečina

πόνος

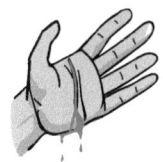

Poškodba

τραύμα

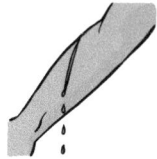

Krvavenje

αιμορραγία

Srčni infarkt

έμφραγμα

Kap

εγκεφαλικό

Alergija

αλλεργία

Kašelj

βήχας

Vročina

πυρετός

Gripa

γρίπη

Driska

διάρροια

Glavobol

πονοκέφαλος

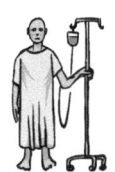

Rak

καρκίνος

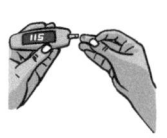

Sladkorna bolezen

διαβήτης

Kirurg

χειρουργός

Skalpel

νυστέρι

Operacija

εγχείρηση

CT

αξονική τομογραφία

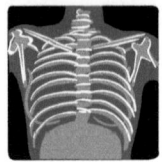

Rentgen

ακτινογραφία

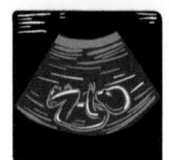

Ultrazvok

υπέρηχος

Obrazna maska

μάσκα

Bolezen

ασθένεια

Čakalnica

αίθουσα αναμονής

Bergla

πατερίτσα

Obliž

χάνσαπλαστ

Preveza

επίδεσμος

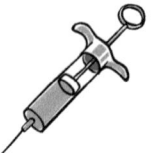

Injekcija

ένεση

Stetoskop

στηθοσκόπιο

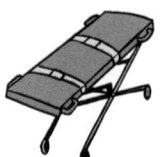

Nosila

φορείο

Klinični termometer

θερμόμετρο

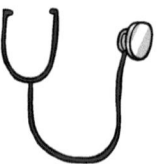

Porod

γέννηση

Prekomerna teža

υπέρβαρο

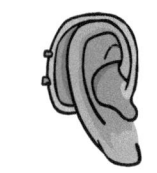

Slušni pripomoček

ακουστικό βαρηκοΐας

Razkužilo

αντισηπτικό

Okužba

λοίμωξη

Virus

ιός

HIV / AIDS

HIV/AIDS

Medicina

φάρμακο

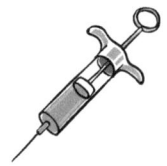

Cepljenje

εμβολιασμός

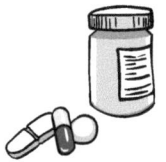

Tablete

δισκία

Tableta

χάπι

Klic v sili

κλήση έκτακτης ανάγκης

Merilnik krvnega tlaka

πιεσόμετρο αίματος

bolano / zdravo

άρρωστος / υγιής

Na pomoč! Βοήθεια!	 Alarm συναγερμός	 Napad βιαιοπραγία
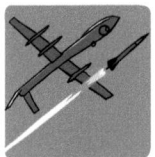 Napad επίθεση	 Nevarnost κίνδυνος	 Izhod v sili έξοδος κινδύνου
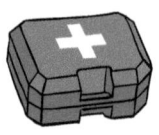 Gori! Φωτιά!	 Gasilni aparat πυροσβεστήρας	 Nezgoda ατύχημα
Komplet za prvo pomoč κουτί πρώτων βοηθειών	 SOS SOS	 Policija αστυνομία

Evropa

Ευρώπη

Severna Amerika

Βόρεια Αμερική

Južna Amerika

Νότια Αμερική

Afrika

Αφρική

Azija

Ασία

Avstralija

Αυστραλία

Atlantski ocean

Ατλαντικός Ωκεανός

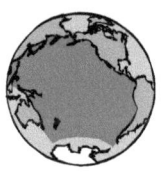

Tihi ocean

Ειρηνικός Ωκεανός

Indijski ocean

Ινδικός Ωκεανός

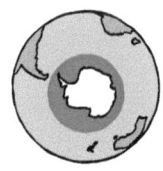

Južni ocean

Ανταρκτικός Ωκεανός

Arktični ocean

Αρκτικός Ωκεανός

Severni tečaj

Βόρειος Πόλος

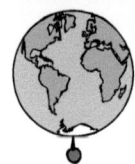

Južni tečaj

Νότιος Πόλος

Antarktika

Ανταρκτική

Zemlja

Γη

Kopno

γη

Morje

θάλασσα

Otok

νησί

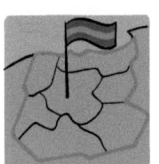

Narod

έθνος

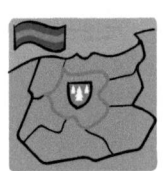

Država

πολιτεία

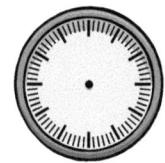

Števílčnica

καντράν ρολογιού

Urni kazalec

ωροδείκτης

Minutni kazalec

λεπτοδείκτης

Sekundni kazalec

δείκτης δευτερολέπτων

Koliko je ura?

Τι ώρα είναι;

Dan

ημέρα

Čas

χρόνος

Zdaj

τώρα

Digitalna ura

ψηφιακό ρολόι

Minuta

λεπτό

Ura

ώρα

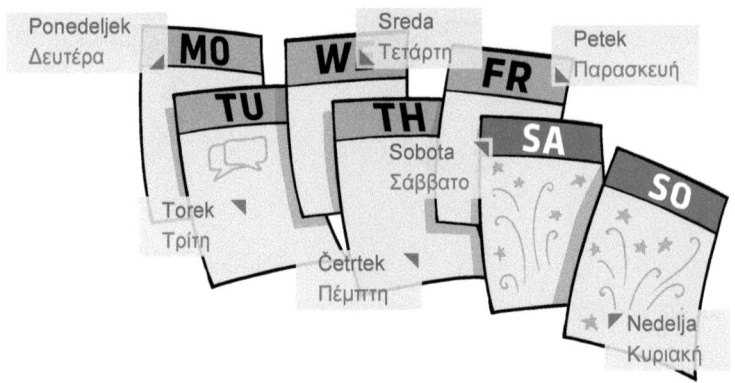

Ponedeljek
Δευτέρα

Sreda
Τετάρτη

Petek
Παρασκευή

Torek
Τρίτη

Sobota
Σάββατο

Četrtek
Πέμπτη

Nedelja
Κυριακή

Včeraj

χθες

Danes

σήμερα

Jutri

αύριο

Jutro

πρωί

Poldne

μεσημέρι

Večer

βράδυ

Delovni dnevi

εργάσιμες ημέρες

Konec tedna

Σαββατοκύριακο

Leto
έτος

Mavrica
ουράνιο τόξο
Dež
βροχή
Sneg
χιόνι
Veter
άνεμος
Pomlad
άνοιξη
Jesen
φθινόπωρο
Poletje
καλοκαίρι
Zima
χειμώνας

4.APRIL 11°
5.APRIL 4°
6.APRIL 13°
7.APRIL 8°
8.APRIL 10°

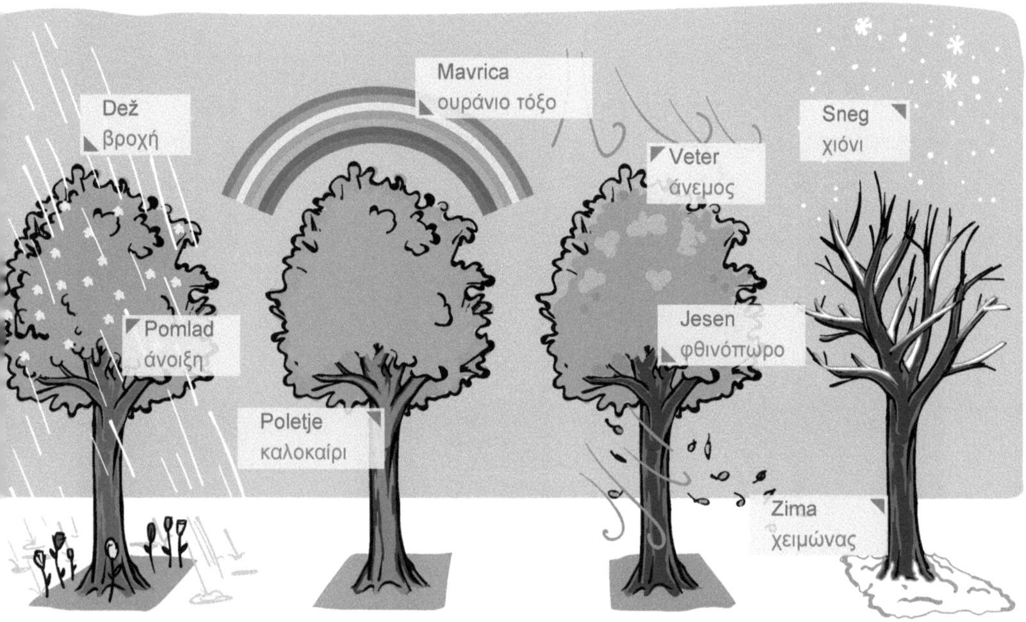

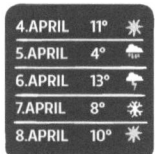

Vremenska napoved

πρόγνωση καιρού

F C
120 40
90 30
60 20
30 10
0 0
-30 -10
-20

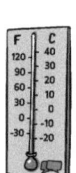

Termometer

θερμόμετρο

Sončna svetloba

λιακάδα

Oblak

σύννεφο

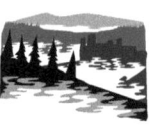

Megla

ομίχλη

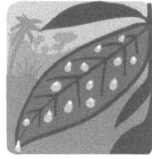

Vlažnost

υγρασία

Strela

αστραπή

Grom

κεραυνός

Nevihta

καταιγίδα

Toča

χαλάζι

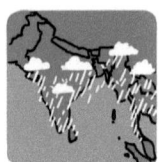

Monsun

μουσώνας

Poplava

πλημμύρα

Led

πάγος

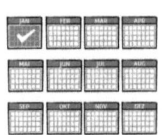

Januar

Ιανουάριος

Februar

Φεβρουάριος

Marec

Μάρτιος

April

Απρίλιος

Maj

Μάιος

Junij

Ιούνιος

Julij

Ιούλιος

Avgust

Αύγουστος

September
....
Σεπτέμβριος

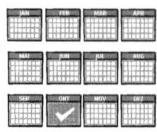

Oktober
....
Οκτώβριος

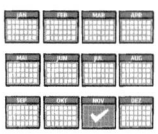

November
....
Νοέμβριος

December
....
Δεκέμβριος

Krogla
....
κύκλος

Kvadrat
....
τετράγωνο

Pravokotnik
....
ορθογώνιο
παραλληλόγραμμο

Trikotnik
....
τρίγωνο

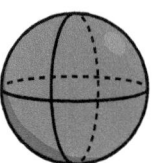

Krogla
....
σφαίρα

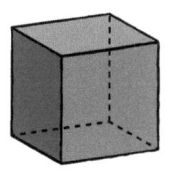

Kocka
....
κύβος

Bela

άσπρο

Rumena

κίτρινο

Oranžna

πορτοκαλί

Rožnata

ροζ

Rdeča

κόκκινο

Vijolična

μωβ

Modra

μπλε

Zelena

πράσινο

Rjava

καφέ

Siva

γκρι

Črna

μαύρο

veliko / malo
πολύ / λίγο

jezno / umirjeno
θυμωμένος / ήρεμος

lepo / grdo
όμορφος / άσχημος

začetek / konec
αρχή / τέλος

veliko / majhno
μεγάλος / μικρός

svetlo / temno
φωτεινός / σκοτεινός

brat / sestra
αδελφός / αδελφή

čisto / umazano
καθαρός / λερωμένος

popolno / nepopolno
πλήρης / ατελής

dan / noč
ημέρα / νύχτα

mrtvo / živo
νεκρός / ζωντανός

široko / ozko
φαρδύς / στενός

užitno / neužitno

βρώσιμος / μη βρώσιμος

zlobno / prijazno

κακός / ευγενικός

vznemirjeno / zdolgočaseno

ενθουσιασμένος / βαριεστημένος

debelo / vitko

παχύς / λεπτός

prvo / zadnje

πρώτος / τελευταίος

prijatelj / sovražnik

φίλος / εχθρός

polno / prazno

γεμάτος / άδειος

trdo / mehko

σκληρός / μαλακός

težko / lahko

βαρύς / ελαφρύς

lakota / žeja

πείνα / δίψα

bolano / zdravo

άρρωστος / υγιής

nezakonito / zakonito

παράνομος / νόμιμος

pametno / neumno

έξυπνος / χαζός

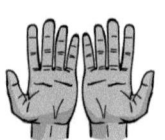

levo / desno

αριστερός / δεξιός

blizu / daleč

κοντινός / μακρινός

novo / rabljeno

καινούριος /
μεταχειρισμένος

nič / nekaj

τίποτα / κάτι

staro / mlado

γέρος | νέος

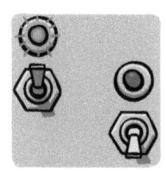

vklopljeno / izklopljeno

αναμμένος / σβηστός

odprto / zaprto

ανοιχτός / κλειστός

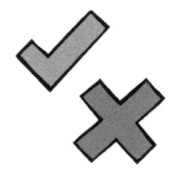

tiho / glasno

χαμηλόφωνος /
μεγαλόφωνος

bogato / revno

πλούσιος / φτωχός

prav / narobe

σωστός / λανθασμένος

grobo / gladko

τραχύς / λείος

žalostno / veselo

λυπημένος / χαρούμενος

kratko / dolgo

κοντός / μακρύς

počasi / hitro

αργός / γρήγορος

mokro / suho

υγρός / στεγνός

toplo / hladno

ζεστός / δροσερός

vojna / mir

πόλεμος / ειρήνη

0

Ničla

μηδέν

1

Ena

ένα

2

Dva

δύο

3

Tri

τρία

4

Štiri

τέσσερα

5

Pet

πέντε

6

Šest

έξι

7

Sedem

εφτά

8

Osem

οκτώ

9

Devet

εννιά

10

Deset

δέκα

11

Enajst

έντεκα

12
Dvanajst
δώδεκα

13
Trinajst
δεκατρία

14
Štirinajst
δεκατέσσερα

15
Petnajst
δεκαπέντε

16
Šestnajst
δεκαέξι

17
Sedemnajst
δεκαεφτά

18
Osemnajst
δεκαοκτώ

19
Devetnajst
δεκαεννέα

20
Dvajset
είκοσι

100
Sto
εκατό

1.000
Tisoč
χίλια

1.000.000
Milijon
εκατομμύριο

Angleščina

Αγγλικά

Ameriška angleščina

Αμερικάνικα Αγγλικά

Mandarinščina

Μανδαρίνικα Κινέζικα

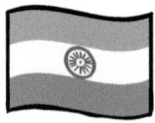

Hindujščina

Χίντι

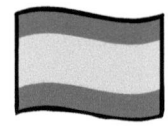

Španščina

Ισπανικά

Francoščina

Γαλλικά

Arabščina

Αραβικά

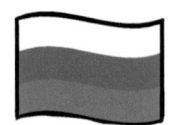

Ruščina

Ρώσικα

Portugalščina

Πορτογαλικά

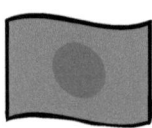

Bengalščina

Μπενγκάλι

Nemščina

Γερμανικά

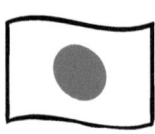

Japonščina

Ιαπωνικά

Jaz

εγώ

Ti

εσύ

On / ona / tisto

αυτός / αυτή / αυτό

Mi

εμείς

Vi

εσείς

Oni

αυτοί / αυτές / αυτά

Kdo?

ποιος / ποια / ποιο;

Kaj?

τι;

Kako?

πώς;

Kje?

πού;

Kdaj?

πότε;

Ime

όνομα

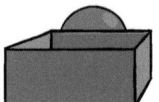

Zadaj

πίσω

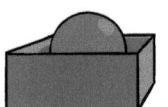

V

μέσα

Pred

μπροστά

Nad

πάνω από

Na

πάνω

Pod

κάτω

Poleg

δίπλα

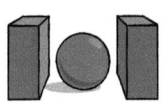

Med

ανάμεσα

Kraj

μέρος